野村再生工場

——叱り方、褒め方、教え方

野村克也

角川oneテーマ21

目次

まえがき　10

第一章　弱者を強者にするために　17

あとがき

まえがき

なぜ、「ぼやく」のか

若い人間を育てるときは「まずほめろ」といわれる。

学校教育では「五つほめ、三つ教えて、二つ叱る」のが基本だという。

ところが、私はほめるのが大の苦手である。

楽天《らくてん》のマーくんこと田中将大《まさひろ》にしても、面と向かってほめたことはほとんどない。これにはテレもあるが、本心は「叱ってこそ人は育つ」と私は考えているからだ。

「人は、無視・賞賛・非難の段階で試される」という。

まったく話にならない段階では無視。少し見込みが出てきたら賞賛する。そして中心になった時点で非難するのである。

つまり、無視されたり、ほめられたりしている段階では、まだ半人前なのだ。逆にいえば、期待するから叱る。もっと育ってほしいと思うから厳しくなるわけだ。それは私の愛情なのだ。何が非難されているのか。どこを直さなければならないのか。それを考え、努力することで選手は成長する。

私自身、鶴岡一人《かずと》さんから叱られたことをバネにして育ってきたし、それができないようではプロとしてやっていけないと信じている。

試合が終わったあと、私は毎日必ず記者を前に談話――一般にはそれは〝ぼやき〟と認識されているようだが――を発表する。それは連日テレビのスポーツニュースで報道され、スポーツ新聞には「野村のぼやきコーナー」が掲載されているほどだ。

私がぼやくのは、もちろん記者諸君に話題を提供することで楽天に注目を集めさせることやファンサービスという意味もあるが、第一の理由はやはり、私がぼやくことで選手たちを発奮させるためである。

私のぼやきがメディアを通して選手に伝わることで、選手は何が悪かったのか、私がどうしてほしいのか、どこを直すべきなのか考え、反省し、次につなげようとする。それを狙っているわけだ。

面と向かってうだうだと叱るより、メディアを通して短い言葉で端的に伝えるほうが、もちろん内容にもよるが、効果的ではないかと私は思う。

もうひとつ、ほめすぎると図にのるような選手に対しては、あえてぼやいたあとでちょろっとほめることもある。私がその選手の力を認め、期待していることをわかってもらうためだ。

鶴岡さんは絶対といっていいほど選手をほめない監督だったが、ごくたまに、たとえばすれ違いざま、「おう、おまえ最近ようなったなあ」とポソッとつぶやくことがあった。「ああ、監督はやっぱりおれのことを見てくれているのだなあ」と私はうれしかったし、「もっとがんばろう」とやる気も出た。それが鮮明に印象に残っているのである。いわばぼやきも、私にとってはコミュニケーション手段のひとつなのだ。

「失敗」と書いて「せいちょう」と読む

人間は叱られて育つと信じている私ではあるが、それだけに叱る際には気を遣う。

ただやみくもに叱ってはいけない。それでは逆効果になってしまう。

とくに若手選手と接するときに大切なのは、絶対に結果論で叱らないことである。

たとえば、あるバッターが三振したとする。そのバッターがカウントほかの状況や配球パターンなどを考慮したうえで打席に臨み、結果としてそれがはずれて見逃し三振したとしても、私は絶対に叱らない。

その選手は最善とはいわないまでも、できるだけの準備はしたはずだからだ。

むしろ、「勝負に負けただけじゃないか」「次はこうしてみたらどうだ？」となだめ、アドバイスしてやる。

それに全力を尽くした上での失敗から学ぶことは少なくない。

たとえば、カーブを待っていたのにストレートが来て見逃し三振をしたとする。セオリーや一般的なデータからいっても、カーブを待つのが正しかったのなら、それはストレートを投げさせた捕手の特徴といえるかもしれない。

つまり、そのキャッチャーは意表を突くのが好きだとか、セオリーと反する配球をする、あるいは打者をしっかり観察しているからストレートを投げさせたと考えられるのである。横浜時代の谷繁元信《たにしげもとのぶ》などはセオリー無視の常習犯だった。だが、そういう傾向がわかれば怖くない。次の対戦ではそのことを念頭において打席に臨めばいいわけだ。

結果よりプロセスを重視するのが私の指導方針である。

三振という結果だけを見て責めてしまっては、選手は次からは三振だけはしないようにと、マイナス思考になってしまう。それでは次もよい結果は望めない。田中の初登板、対ソフトバンク戦で先発。一回三分の二を打者一二人六被安打三奪三振一四球の六失点。私はこの結果についても何も問わなかった。

大切なのは、失敗を次につなげることなのだ。「失敗」と書いて、私は「せいちょう」と読むことにしている。失敗を怖がったり、責めたりしてしまえば、成長などありえないのである。

ただし、何も考えないで、つまり技術だけで勝負にいったバッターは絶対に許さない。そういう選手は、次も同じ過ちをおかす。手抜きプレーをした選手も同様である。そんな選手はプロとして失格だと私は思う。

また、あたりまえの話だが、指導者は選手を好き嫌いで判断してもいけない。意外とそういう指導者は多いのではないか。そのような指導者は組織を私物化しているという謗《そし》りを受けてもしかたがない。

選手にとっても、好き嫌いで判断されたらたまらない。監督は、一切の先入観を排し、どの選手が組織にもっとも有用かという観点から判断すべきである。そうしなければ、不平不満が顕在化し、組織はそこから崩壊してしまうだろう。結果として自分の評価にも関わってくるのである。

実践指導

そのうえで、指導する際には実践指導を心がける。

それなりの眼力を持っているコーチならば、選手を見て、どこが悪いかを気づくことは変わらないはずだ。いわく「ヘッドが下がって、バットが下から出ている」、いわく「肩が開いている」、いわく「軸足に体重が乗っていない」……。それで「そこを直せ」と選手に命じる。それでよしと考えている指導者は多い。

だが、選手だってそんなことはビデオを見ればわかる。それでも直らないから困っているわけだ。選手がほんとうに欲しているのは、「どうすれば欠点が矯正されるのか」という具体的なアドバイスである。

だから、指導者は「おれが現役のころは、こうやって修正した」とか「こういうタイプのピッチャーには、こうして対応した」と経験をもとに語ってやることがまずは大切だ。ただし、自分の過去を披瀝《ひれき》しているだけではいけない。

そのうえで「だからおまえの場合はこうしたらどうだ?」と、実践的な指導をしなければばならないのだ。そこが肝心なのである。そのためには、現役のころからしっかりと考え、悩み苦しんで、自分なりに創意工夫した経験が必要になる。

そうしたことをしてこなかった指導者は、選手の気持ちがわからないから、頭ごなしに「おれができたのだから、おまえもできるはずだ」と叱ってしまう。これでは選手はどうしていいのかわからない。名選手が必ずしも名指導者ではない所以《ゆえん》である。そしてもちろん、指導者は選手だけでなく、自分自身に対しても厳しくあらねばならない。

「組織はリーダーの器以上には大きくならない」と私は思っている。つまり、組織の伸長は、指揮官のレベルアップ如何《いかん》にかかっている。とすれば、リーダーと呼ばれる人間は、つねに自分がレベルアップしていくことを目指す必要がある。

ほんとうにいまの指導方法でいいのか、もっとよいやり方があるのではないかと自分自身につねに問いかけ、グラウンド以外でも自分を磨かなければならない。より高みを目指して挑み続けなければならないのである。

二〇〇八年八月

野村克也

第一章　弱者を強者にするために

なるべく教えるな

「教えないコーチは名コーチ」――メジャーリーグにはこういう名言があるそうだ。じつは私も同じ考えである。

私がプロ野球の世界に飛び込んだころはコーチなどいないも同然だったが、現在ではどのチームでもバッティング、ピッチング、守備・走塁、バッテリー……というようにコーチが細かく分かれ、それぞれが専門に技術的指導やチェックを行っている。そして、彼らは教えることが自分の義務だと思っているのか、あるいは教えないとサボっているとみなされると思っているのか、競い合うように選手を教えている。

だが、コーチがあれこれと口と手を出すことは、必ずしも選手のためにはならない。だから私はいつもコーチたちに言っている。

「なるべく教えるな」

なぜか。教えすぎると、選手がみずから考えることをしなくなるからである。

監督業をはじめて以来、私はいつもコーチに言ってきた。

「〝教えたい〟というおまえたちの気持ちはよくわかる。だが、まずは選手にやらせてみろ。『あいつは何もしない』と言われようとも気にするな」

人間は、失敗してこそ自分の間違いに気づくものだ。自分で気づく前に何か言われても、真剣に聞く耳を持たない。たとえ聞いたとしても頭には入っていないことが多い。やってみて、失敗してはじめて、自分のやり方は間違っているのではないかと考えるのである。

たとえば、明らかに間違った打ち方をしているのに、何も訊《き》いてこない選手がいたとする。そういう選手は何も考えていないに等しい。あるいはとんでもなく鈍感なのだ。いずれにせよ、そんな選手に対してすぐに教えてしまうのは逆効果である。

まずは選手のなかで問題意識が高まるようなアドバイスをし、本人に疑問が生まれるように仕向けることが必要だ。

すると、「どうしたらいいでしょうか」とコーチに訊いてくるようになる。そのときこそがコーチの出番である。今度は絶対に選手を突き放してはいけない。徹底的に教え込むのである。

というのは、選手が自ら教えを乞《こ》いにくるときは、選手の向上心や知識欲が最高潮に達しているときだからだ。そんなときの選手は、聞き入れ態勢が整っているから、スポンジが水を吸い込むようにコーチの言ったことを吸収する。その結果、見違えるような成長を見せることがあるのである。

つまり、コーチは選手を日頃からよく観察し、それぞれの選手の心理や置かれた状況をきちんと見極め、もっとも効果が期待できるタイミングを見計らって教えることが求められるのだ。

目標を自ら考えさせる

ただし、いくら選手が自分の間違いに気づき、疑問が高まって、受け入れ態勢ができたとしても、技術を教えるのは最後でいいと私は思っている。その前に、自ら取り組もうとする意欲を促すことが必要だからだ。

いくらコーチに教えられても、言われたことだけを言われたとおりにやっているだけでは、それ以上の成長は見込めない。選手自身に創意工夫しようとする気持ちが生まれなければ、「もっと打てるようになるにはどうすればいいのか」と考えることがなければ、絶対に一流にはなれないのだ。だからこそ、技術論を教える前に、自ら能動的に取り組むという意識を植え付けることが大切なのである。

そこで私は、選手たちに次のような質問を投げかけるようにしている。

「将来、どんなバッターやピッチャーになりたいのか」

「何勝したいのか、何割打ちたいのか」

「いくら稼ぎたいのか」

つまり、プロ野球選手としてのそれぞれの選手の目標を明確に聞き出すのである。そのうえでこう訊《たず》ねる。

「では、そのためにどうすればいいのか？　何をしなければいけないのか？」

私がプロ野球の世界に身を投じた最大の理由は、「金を稼ぐため」だった。貧乏生活から抜け出し、苦労して私を育ててくれた母と、私に野球をやらせるために大学進学をあきらめた兄をなんとかして楽にしてやりたいと思った。

そのために金が必要だった。そして、その気持ちが私の原動力となった。たくさん金を稼ぐには、一流にならなければならない。そのために私は徹底的に考え、努力した。とりたてて際立った野球の才能に恵まれなかった私が、まがりなりにも三冠王を獲《と》れるほどの選手になれたのも、明確な目標があったからなのだ。

もちろん、物があふれ、飢えを経験したことのないいまの選手たちに私のようなハングリー精神を求めても不可能だ。だが、だからこそ、「自分は何のために野球をやっているのか」ということを明確にさせることが必要なのである。でなければ、人間は弱いものだから、そうそう努力などできるものではない。目標を達成するために「足りないものは何か」「何をしなければならないのか」を考え、課題に対して自ら真摯《しんし》に向き合える者だけが一流になれるのである。

依頼心が強ければ強いほど、人間の思考能力は衰える。思考を停止すれば、進歩も止まる。一流とは、より多くの疑問を抱き、失敗からたくさんのことを学び取る能力に優れた人間のことをいう。

だからこそ、選手は自分自身で疑問を感じなければならず、コーチはそのように仕向けてやらなければならないのである。

長谷部《はせべ》にもシュートをマスターさせる

二〇〇七年のドラフトで、楽天は前年の田中に続き、将来のチームを背負っていくであろう逸材を引き当てた。アマチュアで唯一、北京五輪予選に臨む日本代表に選ばれた愛知工業大学のエース左腕、長谷部康平《こうへい》である。

長谷部は一七三センチと小柄だが、コントロールがすばらしく、とくにチェンジアップとスライダーのキレがいい。しかも貴重な左腕。いみじくも私は「小さな大投手」と評したが、順調に育てばそのとおりになる可能性を持っている。

ただし、現状のままで活躍できるほどプロは甘くないのも事実である。キャンプに入ったとき、私は長谷部に訊ねた。

「球種は何をもっているんだ？」

「ストレートとスライダーとチェンジアップです」

「それだけか……」

私は少々落胆した。たしかに彼のスライダーはいい。だが、それだけではじめはよくてもいつかは通用しなくなるのが目に見えている。長谷部のストレートは決して速くない。したがって、それを狙い打ちされてしまえば、もうおしまいだ。

私はあらためて長谷部に訊いてみた。

「そもそもピッチャーはなぜ変化球を投げる必要があるのか考えてみたことがあるか？」

長谷部は答えられなかった。ある意味では当然だろう。プロであってもピッチャーで真剣にそんなことを考える人は少ない。

だが、ピッチャーの投げるボールには、一球一球根拠がなくてはいけないのだ。

たしかに時速二〇〇キロのボールを投げられる投手がいれば、ストレートだけ投げていればいいだろう。しかし、現実にそれは不可能である。まして現在は練習方法や環境が格段に進歩したことで、バッターはかなりのスピードボールであってもタイミングを合わせ、バットに捉《とら》えることができるようになっている。

絶妙のコントロールと鋭い変化球があれば、たとえ一三〇キロのストレートであっても、打者に速いと感じさせることも可能である。基本的に変化球を投げる必要性は、コントロール不足とスピード不足を補い、さらに配球を複雑化すると同時に狙い球を絞りにくくするところに狙いがある。

長谷部のスライダーはまさしくそのためのものなのだが、スライダーだけではたとえ有利とされる左バッターであっても踏み込まれて打たれてしまうだろう。そうならないためには、左バッターに内角を意識させることが必要になる。現在はどのチームも左の強打者が揃っているだけに、それができるかどうかは左ピッチャーにとって死活問題にもなりかねない。

そこで私は長谷部に命じた。

「スライダーをさらに活《い》かすためにシュートをマスターする必要がある」

野球はすべて相対関係で成り立っているのだ。

幸いなことに西本聖《たかし》がキャンプを訪れたので、「長谷部にシュートを教えてやってくれないか」と頼むと、快く了承してくれた。西本に言わせると、長谷部は「飲み込みが早い」そうで、「必ずモノにするだろう」と請け合ってくれた。

残念ながら長谷部はキャンプ中に半月板損傷で出遅れてしまったが、後半戦、クライマックスシリーズ出場に向けて正念場を迎えたとき、必ずや楽天の大きな力となってくれるはずだと私は信じている。

マーくんよ、ストレートを磨け

むろん、若い田中にはまだまだ伸びる要素が山のようにある。

その第一は、「ストレートのキレとコントロールをもっと磨くこと」だ。

読者の方々から見れば、田中はストレートの威力と気合い、そして持ち前の運の強さで新人王を獲得したように見えるかもしれない。けれども、私に言わせれば、それだけではない。むしろ、彼にタイトルをもたらしたのは変化球であると私は考えている。

江川卓《すぐる》にしろ、松坂大輔《だいすけ》にしろ、過去に〝怪物〟と呼ばれたピッチャーの最大の武器は、やはりストレートだった。古いところでは、〝怪童〟と称された尾崎行雄《ゆきお》や江夏豊《ゆたか》などがその最たるものだ。

だが、田中は違う。いや、もちろんすばらしいストレートを持っているわけだが、それ以上に変化球がよかった。彼はカーブ、スライダー、フォーク、チェンジアップ、ツーシーム、カットボールといった多彩な変化球を持っている。とくにスライダーのキレは抜群だった。田中はこのスライダーを最大の武器にすることで勝ち星を積み重ねていったのである。

こんな新人ピッチャーは、長年プロ野球の世界にいる私でさえ、あまり記憶にない。逆に言えば、ストレートが変化球と同じだけの威力を持つようになれば、まさしく鬼に金棒となる。それこそ歴史に名を残すような大投手になれると私は信じている。だからこそ、さらにストレートに磨きをかけ、同時にもっと制球力を増してほしいと思うのである。

それには下半身を鍛えることが大切だ。

彼の投げ方を見ていると、上体に下半身が負けている。というか、上半身の強さに下半身がついていっていない。ピッチングには腰の安定が欠かせない。腰は身体の中心であり、上半身と下半身、右半身と左半身のバランスの基点となる部位である。腰が安定すれば、ボールにスピードがもっと乗るし、コントロールも安定してくる。それには、やはり下半身を鍛えることだ。下半身がしっかりすれば、腰の安定感もしっかりするのである。まずはそれを彼には望みたいと思う。

エースとしての自覚

そしてもうひとつ、彼にはエースとしての自覚を持ってほしいと切望する。

私の考えるエースの条件とは、

・チームが危機にあるとき救ってくれる存在であること

・チームの鑑《かがみ》であること

端的にいえば、この二点である。すなわち、負けが続いたりしてチームのムードが落ち込んだときに勝てるピッチャーであり、得点があげられないときであっても、勝ちを手繰り寄せられるピッチャーである。そして、味方がエラーしたときであっても不満を顔に出さず、それどころかナインを奮い立たすことができるピッチャーであり、チームを最優先し、ほかの選手の手本となるような存在になれるピッチャーのことである。

むろん、そんなピッチャーはそうはいない。現在では北海道日本ハムファイターズのダルビッシュ有《ゆう》と中日ドラゴンズの川上憲伸《かわかみけんしん》くらいであろうか。ダルビッシュはエースとしてのオーラを感じさせるし、気魄《きはく》が伝わってくる。なにより負けない。一方の川上も自分のことよりもチームを優先しているのが感じられるし、そういう状況をものともしない精神力の強さがある。阪神《はんしん》タイガースの藤川球児《きゅうじ》は、ふたりと同じような覚悟や実績は認められるが、まだまだチームのことより「ストレート勝負」という自分の欲を優先しているように見える。今後の藤川に求めるのは、人間的成長だ。

ことほどさように、エースという存在は大変な重責と多くの資質が求められるのだが、田中にはそれにかなうだけのものがある。それだけの素質を持つ類《たぐ》いまれな選手だと私は信じている。だからこそ、彼には多くを望むのである。エースとしての自覚を持ってほしいと思うのである。それは期待の裏返しなのだ。

そのために彼に促したいのはやはり、人間としての成長である。繰り返すが、「人間的成長なくして技術的成長なし」というのが私の信念である。野球選手である前に、ひとりの人間であり、社会人なのだという自覚と認識を持たなければ、チームの鑑たりえない。

田中に対しては細かいことを言わなかった私だが、一度だけ厳しく叱ったことがあった。

一年目の開幕直前の話だ。

田中がモヒカンのような頭で現れたことがあった。そのとき私は即座にもとどおりにするよう命じた。モヒカンにしろ、茶髪にしろ、ヒゲにしろ、それらは自己顕示欲の表れである。要するに「目立ちたい」のである。野球選手は野球で目立てばよろしい。真剣に野球に取り組んでいるのなら、そんなことはしないし、考えないはずだ。言い換えれば、髪の毛をいじるという行為は、精神のバランスが崩れていることを意味するのである。それでは満足なプレーなどできるわけないし、ほかの選手のいい手本にならない。エースとして認めるわけにはいかないのである。

もちろん、田中はまだ若いし、彼がモヒカンにしたのは一年目の、しかも開幕前であるから、そのあたりの自覚が足りなかったのはいたしかたない面もある。だが、田中が真のエースとなるためには、さらなる人間的成長が絶対に必要だし、私も正しい方向へフォローしていかなくてはならないと考えている。

欲から入って欲から離れる

人間は自己愛で生きている。誰しも自分がかわいいいし、それは避けることのできない人間の業であるのかもしれない。そして、その業が生み出すのが「欲」ではないかと私は考えている。

人間が成長するためには欲が欠かせない。それは事実だと思う。「ホームラン王を獲りたい」「最多勝を獲得したい」「年俸一億円稼ぎたい」という欲があるからこそ、人間は努力できるし、もっとがんばろうと考える。かくいう私だって、七〇歳を超えたいまでも、欲はなくなっていない。最低でもAクラスに入ってクライマックスシリーズに進出し、日本シリーズでも勝利して日本一になりたいと思っている。この欲がなかったら、私はすでに隠居していたかもしれない。したがって、必ずしも欲は否定されるべきものではない。

ただ、欲だけにこだわってしまってはいけないのである。欲にこりかたまってしまっては、それ以上の成長はないし、どうしても自己中心的になってしまう。したがって、結果もよくないことがほとんどだ。

たとえば、ある打席で絶好球が来たとする。「よし、スタンドに叩《たた》き込むぞ！」と欲が出ると、ほんの一瞬打ち方に狂いが生じ、凡打になってしまう。ピッチャーなら「最後はストレートで三振を取って終わりたい」と思ったとたん、狙い打ちされ、逆転されてしまう……。私自身の経験も含めて、そんなケースを何回も見てきた。

その最たる例が、一九九二年の日本シリーズだった。私が率いるヤクルトの相手は西武。ヤクルトは杉浦享《とおる》のシリーズ史上初となる代打満塁サヨナラホームランで初戦をモノにすると、劣勢を予想されていたもののその後も食い下がり、勝負は第七戦までもつれた。試合は七回表まで一対一の同点で進み、その裏、ヤクルトは一死満塁のチャンスを迎えた。ここで勝ち越すことができれば、日本一がグッと近づく。私は〝切り札〟杉浦を代打に送った。

西武バッテリーは慎重になり、ボールカウントはツースリーになった。西武内野陣はダブルプレー態勢。バッターはストレート狙いのケースである。杉浦もそう思った。

そこに狙いどおりのストレートが来た。

ところが、杉浦の打球は一、二塁間に転がった。セカンドの辻発彦《つじはつひこ》がこれをさばき、バックホーム。三塁ランナーの広沢（広澤《ひろさわ》）は憤死することになった。

ベンチに帰ってきた杉浦に、私は問いただした。

「初戦のホームランが頭をよぎったろう」

杉浦は苦笑いを浮かべた。おそらく杉浦は狙い通りのストレートが来て、「しめた」と思ったのだろう。

「おれが試合を決めてやる!」

欲が出たに違いない。結果、ボールからほんの一瞬早く目が離れてしまい、しかも力んで、バットがボールの上をこすってしまったのだ。少なくとも犠牲フライを狙えるケース。杉浦に「かっこよく決めたい」という欲がわいてこなければ、確実にフライを打ち上げられたはずだ。時間にして〇・一秒。そのぶんだけ杉浦は喜ぶのが早かった。結果的にヤクルトはこの試合を落とし、日本一を逃すことになったのである。

欲はたしかに必要だ。だが、最後は欲を捨てなければならない。すなわち、「欲から入って、いかに欲から離れるか」——ここが、ことに勝負事においては肝心なのである。欲を自制する能力を、セルフコントロールと呼ぶ。これを身につけることができるかどうかが、結果を大きく左右するのである。選手は自分の欲を捨て、チームが勝利するためにすべきことをきちんとまっとうすることが求められるのだ。すなわち選手育成の基本であるチーム優先主義の徹底なのである。

昨シーズン、西武戦だったと思うが、田中が完投して勝った試合で、私はあえて田中に注文をつけたことがあった。最終回、「最後は三振で終わりたい」と思い、力任せのストレート勝負に出たところを痛打され、あやうく逆転されそうになったからだ。自分の欲のためにチームの勝利をフイにすることは、将来エースと呼ばれるようになる投手にとって、絶対にあってはならない。そのことを理解させたかったのである。

ピッチングは繊細かつ大胆な気持ちが大切なのだ。

井川には「バッターを消せ」、福原には「キャッチャーを消せ」

現在はニューヨーク・ヤンキースに在籍している井川慶《けい》は、私が阪神の監督だったときにファームから引き上げた投手である。当時の阪神は、とにかく先発投手が不足していた。そこで、「誰か球の速いのを上げてくれ」と二軍監督だった岡田彰布《あきのぶ》に頼んだ。そうして一軍にやってきたのが井川だったのである。

ところが、当時の井川はたしかにボールは速いが、あまりにもコントロールが悪かった。いくら速いボールを投げても、現在のプロのバッターなら簡単に打たれてしまう。井川が一軍で活躍するためには、コントロールをつけることが絶対に必要だった。

要するに井川は、マウンドに立つと、ついバッターのことやボールカウントに気が行ってしまうのである。「ストライクを取らないといけない」と考えすぎて、制球を乱してしまうのだ。あるいは、コントロールを意識するあまり、肝心のストレートの威力を失ったところを痛打されるわけだ。

「だったら、いっそのことバッターを消してしまえばいい」

私はそう考えた。

井川と会話を重ねるなかで、私は彼がダーツ、的当てが得意であることを知った。ということは、コントロールが悪いわけはないのである。そこで私は言った。

「トップの状態になったら、ダーツをイメージして投げてみろ。矢野のミットを的だと思って投げろ。バッターが誰だとか、ボールカウントがどうだとかは、いっさい頭のなかから捨てて的当て投法だ。矢野のミットだけをめがけて思い切り投げろ」

そういってマウンドに送り出してみると、井川はなんと巨人相手に完投勝利を飾った。井川が名実ともにローテーションの柱となったのは、それからだった。的当てが井川を開眼させたといっても過言ではないと私は思っている。

井川が左のエースなら、右のエースに指名したのが福原忍《しのぶ》だった。私が阪神の監督になって最初のドラフトで入団してきた福原は、井川同様、ボールは速かったが、コントロールが悪かったのだが、彼の場合はミットをめがけて投げようという意識が勝っていた。気が弱いのか性格がやさしいのか、コントロールばかり気にかけていたのである。そのため、腕が縮こまってフォームが小さくなってしまい、ボールに威力がなくなっていた。

そんな福原に大切なのはなにより、「思い切って投げること」だと私は考えた。そこで福原を呼んで言った。

「視界からキャッチャーを消せ！」

なまじキャッチャーのミットを意識するから投げ方が小さくなる。ならば、いっそのこと「キャッチャーなんか見ないで、甲子園のバックネットをめがけて投げろ」と命じたのである。

ブルペンエースにはショック療法

的当て投法で自信をつけた井川がその後、球界を代表するピッチャーに成長したように、選手を育てるために大切なのは、何よりも自信をつけさせることだと私は思う。とくに実績のない選手は、自信をつけることで大きく化ける可能性がある。

ヤクルトの監督時代、山本樹《たつき》という左腕がいた。彼は、いわゆるブルペンエースの典型だった。ブルペンではすばらしいボールを投げるのに、実戦のマウンドに立つと、持てる力の半分も発揮できなかった。自信がないから、緊張してしまい、「ストライクが入らなかったら大変だ」とか「打たれたらどうしよう」とか、よけいなことばかり考えてしまうのだ。

「このままでは同じことを繰り返すだけだ。どうすれば彼に自信をつけられるのだろう」

私は考えた。出てきた結論は、いわばショック療法とも呼ぶべき方法だった。ある試合で私は彼を先発に指名し、こう言った。

「今日ダメだったらクビだからな」

どんな言葉をかけても山本は緊張してしまい、それまで失敗を繰り返していた。それならば、どうせ緊張するのだからとことんまで緊張させてやれと考えたのである。あえてきつい言葉をかけることで極限まで追い込めば、さすがの山本も開き直れるのではないかと期待したわけだ。ある意味、賭《か》けであった。

その賭けはものの見事に成功した。それまで縮こまっていた腕が見違えるように振れるようになり、ブルペンで見られるようなボールを山本は投げ込んだ。

このピッチングがきっかけとなり、以降山本は中継ぎや左のワンポイントリリーフとして活躍。チームのピンチをたびたび救ってくれた。

とくに一九九七年の日本一に大きな貢献を果たしたのを憶《おぼ》えておられる方も多いのでは

ないか。

もちろん、本番で力を出し切れない人間のすべてに対し、山本にしたようなショック療法が効果的というわけではない。人間の感じ方はそれぞれ違う。同じことを言っても、それで大きく化ける選手もいれば、傷ついてしまう選手もいる。だからこそ、自信をつけさせるにあたっても指導者たる人間は、選手をよく観察し、それぞれに適切な指導を行わなければならないのだ。まさに「人を見て法を説け」である。

目の色が変わった磯部《いそべ》

磯部については、いろいろといわれた。いわく「自分のことばかり考えている」、いわく「いてまえ打線と持ち上げられていい気になっている」、いわく「真のリーダーたりえない」……。

しかし、二〇〇八年のシーズンの磯部は大きく変わったように私には見える。ひと言で言えば、目の色が変わったのである。キャンプは二軍スタートとなったが、率先して練習に取り組むようになったのだ。二軍監督の松井からは「やっと自分がわかってきたようだ」との報告も受けた。

二〇〇六年のオフ、礒部はFA権を獲得した。そのとき、彼は「優勝できるチームに行きたい」と発言した。彼は複数球団から誘いがあるはずだと思っていたらしいが、声をかけてくる球団はなかった。翌年も再びFAとなったが、その年は不運な故障で二軍暮らしも多かったこともあって、結果は同じだった。

礒部にはショックだったろうが、同時にあらためて自分への評価というものを思い知らされたはずだ。

よく言うことだが、人間は自己愛で生きている。だから、自分に対する評価はどうしても甘くなる。適正なものではない。言い換えれば、他人が下す評価こそが、その人間の真の価値であり、評価なのだ。

それに自分の評価が正しいと思ってしまえば、「自分はよくやっている」という自己満足を生み、「このへんでいい」と妥協してしまい、「これが精一杯だ」と自分の力を限定してしまうことになる。

これではもはや成長は望めないのは当然である。

そのことに礒部はようやく気がついたようだ。心を入れ替えたのではないか。心が変われば考えが変わる。考えが変われば、野球に取り組む意識が変わる。楽天が優勝するためには、ベテランの礒部の力は必要不可欠だ。山﨑《やまさき》とともに彼が率先して態度で手本を示してくれれば、若手選手の意識も変わってくる。だからこそ私は礒部に期待しているのである。

個人記録より、チーム優先主義の考えで行動し、チームの牽引車《けんいんしゃ》になってもらいたい。また、引退も近くなってきたことでもあり、引退後のビジョンをしっかり持って行動してもらいたいものだ。人生は自分で切り開いてゆくのだ。

満足→妥協→限定は再生の最大の敵

伸び悩んでいる選手はほとんどが「いわれなき自己限定」をしている。「自分はこれで精一杯だ」「自分の力はもはやここまでだ」と考えている。

そうなっては、もしかしたら眠っている才能をムダにしてしまうし、伸びるものも伸びなくなってしまう。

では、なぜ自己限定をしてしまうのか。低いレベルで「妥協」してしまうからである。壁にぶつかると、「俺はこんなもんだ……」とあきらめてしまう。それ以上の努力をしようと思わなくなる。中途半端に活躍している選手ほどこの傾向が強い。というより、そんな考えだから、中途半端な選手で終わってしまうのである。

それでは何がこうした妥協を生むのかといえば、その選手が「満足」してしまうからだろう。「自分はそこそこやれているじゃないか」「こんなに一所懸命やっているじゃないか」と現状に満足してしまう。時代的にも貧困や飢えを経験せざるをえなかった私と違い、いまの選手はどうしてもハングリー精神に欠ける。それで「これくらいでもういいや」と自己満足してしまう。

それに、自分をほめてやりたいというのは、人間の性《さが》でもある。だから、どうしても自分に対して甘くなってしまう。

だが、それでは成長や再生など望むべくもない。「満足→妥協→限定」は、成長や再生を妨げる最大の敵なのである。

金本《かねもと》がやってくるまでの阪神は、そんな選手ばかりだった。阪神は金本の加入で大きく変わったといえる。彼が率先垂範してチームの鑑となった。

これはプロ野球選手にかぎったことではないが、最近のスポーツ選手は「楽しみたい」とよく口にする。それはいいのだが、彼らが「楽しむ」という言葉のほんとうの意味を理解して話しているのか私にははなはだ疑問だ。

「楽しむ」という言葉は、じつは非常に深い言葉である。英語では「ENJOY　エンジョイ」というが、それは持てる力をすべて出し切るという意味合いが強いそうだ。すべてを懸けて全力を尽くしてこそ、「楽しい」のである。そこが「FUN　ファン」との違いなのである。最近の若い選手は、「楽しむ」という言葉を「ファン」の意味で使っているような気がしてならない。

だから低いレベルで満足し、妥協し、限定してしまうのではないか。それではプロではない。趣味でやる草野球にすぎない。お客さんに対しても失礼だ。

現役時代の私は、壁にぶつかったり、なかなか思うようにならない状況に陥ったりして、もがき苦しんだことが数え切れないほどある。

だが、それは「楽しい」ことだった。決して「苦労」とは思わなかった。好きな野球をやっていて、もっと技術を伸ばすために悩んだり、苦しんだりするのだから、それは「楽しい」ことだったのである。

いま述べたように、私には「貧乏から抜け出す」ことがモチベーションになったのだが、満たされきっているいまの選手は、「満足→妥協→限定」に陥らないようにするためのモチベーションを見出すことが難しくなっているのかもしれない。

だが、だからこそ、指導者はなんとかしてモチベーションが高まるような目標を与えることで選手にハングリー精神を叩き込んで、満足や妥協などできないような状態にし、本人が気づいていない才能に気づかせ、引き出してやらなければならない。それは指導者の務めである。それができない指導者は、人を育てたり、再生させたりすることはできない——。

スタートは意識改革

組織づくりで、最初に私が行うことは何か。
それは「意識改革」である。「考え方が変われば行動が変わる」。
この言葉はヒンズー教にある、

心が変われば態度が変わる、
態度が変われば行動が変わる、
行動が変われば習慣が変わる、
習慣が変われば人格が変わる、

人格が変われば運命が変わる、
運命が変われば人生が変わる。

という教えを私なりに解釈したものだが、意識が変われば野球に対する取り組みが変わり、プレーも変わるという意味である。

これは野球にかぎったことではないはずだ。

加えて、弱いチームには〝負け犬根性〟が染み付いている。「どうせおれたちは強いチームには勝てないんだ」とか「いくら一所懸命やったところでたかがしれている」というふうに、負けて当然という意識から離れられない。

これでは勝てるものも勝てなくなる。

したがって、まずはそうした負け犬根性を振り払い、考え方を変えさせるとともに、「この監督についていけば絶対に勝てる」と思わせなければいけない。

いいかえれば、いかに選手の信頼を勝ち得るか。それが最初の仕事なのだ。

そこで重要になるのが、最初のキャンプである。私はこの春季キャンプをいかに過ごすかでその後のすべてが決まるといっても過言ではないと考えている。

ヤクルトでも阪神でも、キャンプでは毎晩ミーティングを行った。シーズンオフを経た選手たちは決意を新たにしているし、頭が新鮮だから集中力もある。

まして監督が代われば「今度の監督はどんな人物なのだろう、どんな野球をしようとしているのだろう」とおおいに興味を持っている。そこで、野村野球とはいかなるものか、野球論、技術論、作戦論などを叩き込むとともに、人生についても〝野村の考え〟を教え込んでいくわけだ。

ヤクルトではこれが奏功した。このときは選手たちにメモをとらせながらミーティングを進めていったのだが、選手たちは目を輝かせ、身を乗り出して私の話を聞いていた。

「野球というのは、そうやってやるものなのか」

驚いている気配が伝わってきた。当時のヤクルトは弱かったし、人気では同じ東京を本拠地とする巨人に遠くおよばなかった。だから、選手たちは「なんとか強くなって見返してやりたい」と強く思っていた。

それから三年目にヤクルトが優勝できたのは、このキャンプが土台になっているのは間違いない。

対照的に、阪神で失敗したのはこの最初のキャンプで思うような成果を得られなかったことが大きい。阪神の多くの選手たちは、私の話を聞いていなかった。私が横着してあらかじめテキストを配り、それをもとにミーティングを進めていったこともあり、ほとんどの選手がメモすらとらなかった。

学校の勉強と同じで、やはり自分自身で手を動かさないと身につくものではないのである。

むろん、楽天でも毎晩ミーティング漬けにした。阪神時代の反省から、私が話したことを選手に書き留めさせるかたちで行った。ただし、今回はホワイトボードではなく、プロジェクターを使った。スタッフが、前日に私が伝えておいた〝講義〟の内容をパソコンに打ち込み、それをプロジェクターに映しながら私が話をした。

幸い、楽天の選手たちの姿勢は、ヤクルトの選手に近いものがあった。素直に私の話を聞いてくれていたように見えた。

「このチームはおれに合っているのかもしれないな」

私はそう思った。

足りない戦力

とはいえ、背番号19をつけてグラウンドに立った私の目に入ってきた光景は、酷《ひど》いものだった。

就任前、「文字通りゼロからのスタート」と語り、「苦労の渦に飛び込むようなもの」とそれなりの覚悟はしていたが、チームの惨状は私の想像を超えていた。

とにかく戦力が足りない。

投手では岩隈久志《いわくまひさし》という計算できるエースと、成長が期待できそうな二年目の一場靖弘《いちばやすひろ》の先発二枚、抑えとして実績のある福盛和男《ふくもり》はいたものの、ほかはまったくの未知数。

打線にしても、戦力になりそうなのは山﨑武司《たけし》と礒部公一《こういち》、そして西武ライオンズから移籍してきたホセ・フェルナンデスと千葉ロッテマリーンズでプレーした経験を持つリック・ショートくらい。

あとは関川浩一《こういち》、飯田哲也《いいだてつや》のベテランがいる程度といっても過言ではなかった。選手個々としても、チームとしても、とても戦えるような体制ではなかった。

もっとも深刻だったのは、「チームの中心」がいないという現実だった。

「中心なき組織は機能しない」――これは、長年の経験で得た私の信念である。強い組織づくりには、中心となる存在が絶対に欠かせない。繰り返しいろいろなところで述べていることだが、私のいう「中心」は、プレーだけでなく、私生活も含めたすべての面でほかの選手の鑑となる存在であることが求められる。

なぜなら、中心選手の意識と言動がほかの選手に大きく影響するからだ。いいかえれば、チームが正しい方向に向かうか、それとも破綻《はたん》するかは、中心選手にかかっている。「中心なき組織は機能しない」と常々私が口にする所以《ゆえん》である。

阪神ではこれで苦しんだ。

当時の阪神にはそういう選手がいなかった。今岡誠《いまおかまこと》など、実力的には近い将来中心を担えそうな選手はいないこともなかったが、いかんせん、私が強くいっても言動はあらたまらなかった。

私が監督を退いたあと、阪神が優勝できたのは、金本知憲《ともあき》という「中心」を得たことが大きかったと私は見ている。金本がやってきたことで、ほかの選手の意識と言動が目に見えて変わったからだ。

中心の不在

楽天にもやはり、「中心」はいなかった。いわば寄せ集めの新しいチームだからしかたがない。だが、逆にいえば新しいチームだからこそ、手本となるべき「中心」ができれば、なまじ中途半端な〝伝統〟に染まっていないだけに、よい方向に進んでいく。だからこそ、なおさら鑑となるべき中心選手が楽天には必要だった。

たしかに岩隈と山﨑という投打の軸はいた。が、岩隈はすでにキャンプの段階で肩の状態が思わしくないことを訴えていたし、性格がおとなしい。

山﨑には――その後、その役割を見事に果たしてくれることになるのだが――年齢というネックがあった。中心選手はつねにグラウンドに立っていることが求められる。岩隈も山﨑も一年間通してチームを牽引するのは厳しいのではないかと思われた。

当時、楽天のチームリーダーと目されていたのは礒部公一だった。

大阪近鉄バファローズの主力選手のひとりであり、近鉄のオリックスへの吸収合併の話が浮上した際には、近鉄の選手会長として古田敦也《あつや》率いる日本プロ野球選手会とともに合併阻止の運動を展開。楽天でも選手会長を務めていた。

しかし、少なくとも私の目には礒部は真の意味での中心たりえないように映った。ひとことでいえば、「チーム優先主義」という考えがなかった。

これは私が現役のころからそうなのだが、近鉄というチームはずっと「個人記録優先主義」で野球をやっていたように思えた。「自分が打てばいいだろう、自分が勝てばいいだろう。それがチームの勝利につながるのだ」という考えで……。

しかし、野球はチームスポーツである。

野球の本質を選手ひとりひとりが理解したうえで持てる力を結集させ、一丸となって闘わなければならない。そうすれば、たとえ個々の力が劣っている弱いチームであっても、巨大な戦力を持つチームに対抗することができる。

そのためには、選手は「自分が打つことが、投げることがチームのためになる」と考えるのではなく、「チームが勝つためには自分は何をすればいいか、何ができるか」をつねに念頭に置かなければならない。

自分の記録を意識する前に、チームが勝つにはどうすればいいのかを最優先して試合に臨むことが大切なのだ。

チームの中心は率先してそのことを態度で示すことが求められる。

この点で礒部には不満が残った。近鉄時代、〝いてまえ打線〟と呼ばれて持ち上げられたこともあって、そういう近鉄の悪しき伝統から抜け切れていなかった。

こんなことがあった。ノーアウトランナー二塁という絶好のチャンスで左打者の礒部に打席が回ってきた。相手は右ピッチャーである。礒部くらいのベテランになれば、ふつうは右方向に飛ぶ確率の高いインコースの高めを待つはずだ。

ところが礒部は初球から、よりによって外角の難しいボールに手を出した。結果はファールフライ。どんな顔でベンチに帰ってくるかと見ていたら、「惜しかったな」などとつぶやいている。これではとても中心としての役割を担うことはできないとあらためて判断せざるをえなかった。

無形の力を養う

が、こうしたこと以上に私を落胆させたのは、選手たちが何も考えないで野球をやっているとしか思えなかったことだ。

楽天の選手たちは、いわば拾われた選手たちである。だから、阪神の選手のように甘やかされてはいない。過信も勘違いもしていない。みな非常にまじめではあった。

けれども、野球とは何たるかということをまったく理解していないようだった。「ただ力いっぱい投げればいい、打てばいい」――そんな考えで野球をやっているように私には見えた。おそらくそれまで野球について深く考えたことがなかったのだろう。

意図のある配球とは何か、打席にどのような考えをもって臨めばいいのか、走塁とは、守備とは、何か。そうした野球の本質を理解しないで野球をやっていた選手たちばかりであった。

「今日は調子がいいから勝てそうだな」とか「不調だから負けてもしかたない」――そんな気分野球が楽天の野球だった。知力・体力・気力のうち、体力と気力に左右される野球である。

だが、プロとしてこの三つは持っていて当然。それを問題視せざるをえないなどというのは、じつに嘆かわしいし、悲しいことである。

したがって、まずは考えることの重要性を認識させ、その力を養わなければならない。そのために私は、「無形の力を養う」ということをチームスローガンに掲げた。

無形の力とは、読んで字のごとく、「かたちのない力、目には見えない力」のことである。

たとえば技術力。これは目に見える「有形の力」といえるだろう。だが、こうした有形の力には限界がある。そのことは、いくらすばらしい成績をあげている選手ばかりを集めても、必ずしも優勝できるわけではないという事実が雄弁に物語っている。

逆にいえば、ここにチームスポーツとしての野球の面白さがある。やり方次第では弱者が強者を倒すことができるのである。そして、そのために必要不可欠なのが無形の力なのだ。

野球は「間」のスポーツである。一球一球、ゲームが切れる。このことは、「そのあいだに考えろ、備えろ」といっているのだ。一球ごとに移り変わる状況のなかで、考えられるかぎりの作戦のなかから成功する確率のもっとも高いものを選択する。そのための時間が与えられているのだと私は考えている。

そのときにモノをいうのが無形の力なのである。

事前にあらゆるデータを収集し、分析し、相手をよく研究して入念に準備する。そして、これらをもとに、置かれた状況をよく観察して見極め、おたがいの心理状態や力量を探り、判断し、最適の作戦を選択し、決断する。

たとえば、相手チームがほんとうにサインを出しているかはサードコーチを見ればわかる。サードコーチが一塁ランナーにジェスチャーを示しているとき、すべて終わりきらないうちにランナーが目をそらしたら、これはサインが出ていると考えていい。出ていないなら、こちらを欺くために最後まで見ているはずだからだ。

また、コーチが流れるようなジェスチャーをしているときは、嘘のサインであることが多い。ほんとうのサインなら、キーとなる動きを正しく理解させるために、そこだけはゆっくりめになるからである。

こうした能力はかたちにならない。というより、相手には見えていない。だが、こうした力を重視し、大いに活用して臨むチームのほうが、有形の力だけに頼るチームよりはるかに強い。結集した無形の力の前には、技術力など吹き飛んでしまうというのが私の考えだ。

はっきりいって、楽天は「弱者のなかの弱者」である。だが、無形の力を駆使すれば、そんな弱者であっても強者に変貌《へんぼう》させることは決して不可能ではない。だから楽天のスローガンにも掲げたのだ。

野村野球とはプロセス

「野村野球とはどんな野球か」

私のもとでプレーする選手は、いろいろなところで必ずそう聞かれるそうだ。とくに社会人野球チーム・シダックスの監督だったころは、練習中に選手たちが相手チームの監督やコーチからよく質問攻めにあっていた。私がどういうことを教えているのか知りたがったらしい。

では、私自身は「野村野球」をどのようなものだと認識しているのか。ひと言でいえば、「プロセス重視」ということになる。

プロ野球は結果がすべて。勝てば官軍の世界といっていい。つねに結果を求められるし、それで評価が決まる。人気が出て、商売になる。だから、指揮官はなにより結果がほしい。そのため、選手をほめておだてあげ、のびのびと自由にプレーさせようとしたり、他球団から強打者や好投手を集めたりして、手っ取り早く勝とうと考える。

しかし、結果の裏側にあるものは何だろうか。

「プロセス、過程」にほかならない。「プロフェッショナルのプロ」とは、「プロセスのプロ」でもあると私は思っている。きちんとしたプロセスを踏むからこそよい結果にたどり着くことができるし、結果を出すためには、どのようなプロセスを歩むかということが重要になると私は信じている。

正しいプロセスを踏んでこそ、その組織はほんとうの意味で強い組織となるのであり、それが真理であることは、どんなに自由に気持ちよくプレーさせたとしても、あるいはいくらいい素材を集めたとしても、一回は勝てたとしても勝ち続けることはできないという現実が示している。

したがって、楽天の選手たちに私が口をすっぱくして訴えたのは、「一に準備、二に準備」ということだった。準備の大切さ。これをやかましいほど私は説いている。

たとえばバッターボックスに入るとき、いかなる準備をするか。

得点差、アウトカウントやボールカウント、ランナーの有無といった状況。相手投手の特徴、タイプ、心理状態……。さまざまな条件を考慮したうえで臨むのは当然である。

その結果、「ストレートを狙う」と判断したとする。ほとんどの選手はそれで終わりだろう。

しかし、私にいわせれば、これだけでは充分に「準備が整った」とはいえないのだ。さらに「ストライクのストレートだけを狙う」とか「上から叩く」とかいった「二段構え」の準備をしてこそ、はじめて「準備が整う」のである。

ここまで準備してこそ、一発必中で打ち返す確率が高くなるわけだ。逆にいえば、そのくらいの準備をして打席に臨まなければ、プロの投手の球を打ち返すことなどかんたんにはできないのである。

いやしくもプロの投手であるならば、かんたんに打てるようなボールはそうそう投げてこない。一打席に一球あればいいほうだ。ましてエース級のピッチャーなら、なおさらその確率は低くなる。とすれば、失投をいかに打つかがカギとなる。それなのに、数少ない失投を打ち損じてしまえば、もう相手ピッチャーのペースになってしまう。つまり、失敗は許されない。

逆にいえば、絶対に失投を見逃さないのがよいバッターなのだ。

だからこそ、失投を確実に捉えるために備えが必要なのである。全神経を集中させて、準備をすることが大切なのだ。「敵を知り、おのれを知れば、百戦危うからず」と孫子《そんし》が説くとおりである。打席の前から戦いははじまっているのだ。

準備とは意識付け

準備とは、言葉を換えれば、「意識付け」である。どれだけ意識付けを徹底させることができるか。それが結果に直結するわけだ。

意識は「無意識」と「有意識」とに分けられる。このふたつは「潜在意識」と「顕在意識」と言い換えてもいいが、専門家に聞いたところでは、人間の行動は九対一で無意識に左右されているそうだ。つまり、脳は一割程度しか働いていないらしい。「来た球を打つ」のが無意識とすれば、「狙い球をしぼったりする」のは有意識のなせる業である。ということは、有意識の占める割合が高くなればなるほど、それだけ無意識で打つより成功する確率は高くなるはずだ。

たとえばボールカウントには一二種類あるわけだが、初球は投手も打者も五分五分であるといっていい。しかし、一球目がホームベースを通過し、キャッチャーのミットにおさまった瞬間に状況が変わる。

ストライクならピッチャーが一気に優位に立つが、ボールになった場合は次はストライクを取りに来るはずだから、バッターが有利になる。そうしたことを事前に意識しているだけでも、結果は大きく違ってくるはずだ。

先ほどあげた「ストレートを狙う」ケースで、それ以上の準備をしないで、つまりほとんど無意識で対峙《たいじ》しようとすれば、往々にして難しい低めのストレートに手を出したり、高めのボールを打ち損ねて凡フライを上げる結果になってしまうだろう。

守るときはなおさらだ。たとえば一死満塁で内野ゴロが転がった。このときもホームでランナーを刺すのか、それともダブルプレーを狙いにいくのか、どちらがベターなのかは事前に意識付けがきちんとなされていなければ、とっさには判断できない。捕手の配球などは、その最たるものだ。

ところが、楽天の多くの選手は試合中、ただ漠然とゲームを眺めたり、休んだりしていることが多かった。そして打席が回ってくると、おもむろにバットを取り上げ、ただスコーンと打つだけ。だが、それではダメなのだ。

つねに相手バッテリーの動きや配球をチェックし、その意図を考え、周到な準備をしておかなければいけない。だからこそ私は、「備えあれば憂いなし」といって、準備すなわちプロセスを重視した指導を徹底しているのである。

もちろん、充分に準備をしたからといって、必ずしも成功するとはかぎらない。だが、成功する確率ははるかに高くなる。繰り返すが、野球は確率の高いほうを選択するスポーツである。強者なら天性だけで向かっても打てるかもしれないが、弱者が勝つためには、あらゆる準備をして臨まなければ太刀打ちできない。

そのために意識付けが必要なのだ。

交流戦の好成績はデータの勝利

「ＩＤ野球」と呼ばれるように、私はデータを重要視する。その理由は、データは意識付けに大きな効力を発揮するからである。データこそ、準備の根本をなすものだといっても過言ではない。

誰もが長嶋茂雄《ながしましげお》のように「無意識で来た球を打てる」ならデータはいらない。一六〇キロを超える豪速球と鋭いカーブをつねに狙い通りのところに投げられるピッチャーならば、配球など考える必要はないかもしれない。が、現実にはそんなピッチャーはいないし、ほとんどのバッターは長嶋ではない。

そこでデータが必要になってくるわけだ。

どんなバッターにも、そしてピッチャーにも、それなりの傾向というものがある。たとえばバッターには、直球を待ちながら変化球にも対応しようとするＡ型、内角か外角、狙うコースを決めているＢ型、ライト方向かレフト方向か打つ方向を決めているＣ型、球種にヤマをはるＤ型の四つのタイプがあるし、ピッチャーにも「こういうときにはインコースにはこない」とか、「変化球を多投する」など、そのピッチャーならではの特徴がある。

とすれば、あらかじめ相手の傾向を知っておけば、どのように対応するか予測しやすくなる。正確に予測できればそれだけ攻略する確率は高くなるし、逆に相手の力を封じることも可能になるわけだ。

もちろん、そうした傾向はイニングや得点差、アウトカウントやボールカウントといった状況によって変わってくる。そこで私は、スコアラーに命じて各チームのバッターそれぞれについてヒットゾーン、凡打ゾーン、空振りゾーンなどを明らかにするとともに、状況に応じた傾向——たとえば大ファールを打ったあと、同じ球を待つのか、それとも狙い球を変えるのかといったこと——を徹底的に洗わせ、各バッテリーについてもカウント別、状況別の配球を調べるとともに、相手監督の作戦傾向まで、徹底的に分析するようにしている。

二〇〇六年の楽天は、二年連続の最下位に終わることになるのだが、交流戦では一七勝一九敗と互角に近い成績を残した。その理由は、データの活用にあったと私は思っている。私はヤクルトと阪神というセ・リーグのチームで一二年間指揮を執っていたし、シダックスの監督時代も見るのはやはり巨人戦を中心とするセ・リーグのゲームが多かった。だから、ヤクルトと阪神はもちろん、ほかのセ・リーグのチームがどんな野球をするのかはだいたいわかっていたし、データもあった。

それゆえそれに則《のっと》った的確な指示を出すことができた。対して、セ・リーグの各球団は楽天のデータなどほとんど持っていなかったに違いない。持つ必要もないと思っていたのではないか。その差が、一七勝一九敗という数字になって表れたと思うのだ。

分析・観察・洞察・判断・記憶

ただし、もちろんデータは万能ではない。データを妄信するのは自殺行為につながる場合もある。データはあくまでも無形の力を構成するひとつの要素にすぎない。

無形の力をあげていけばきりがないが、あえてまとめるとすれば、「分析」「観察」「洞察」「判断」「記憶」ということになろうか。

データはそのうちの「分析」の根幹をなすものである。あくまでも「スタート地点」。ここを間違ってはいけない。

これを補うのが「観察」だといっていい。観察とは、いわば目に見えるものから情報を引き出す力である。グラウンドにはさまざまな情報が転がっている。たとえば、打席に入るときの打者のしぐさ。ステップのしかたや肩の動き、見逃し方などを注意深く観察していれば、打者の狙いはだいたい見当がつく。

こうしたさまざまなことから有益な情報を引き出せるかどうかでかなり結果は違ってくる。

目に見えるものから情報を引き出すのが観察なら、「洞察」は目に見えないものを読む力である。その最たるものが心理を見抜く力だろう。

人間の行動はそのときの心理状態に大きく左右される。

データではこういうときはこういう行動をとる傾向があると示されていたとしても、そのときの好不調や心理状態などによって行動は微妙に変化するはずだ。にもかかわらず、データだけを信用しては、痛い目を見る可能性が高い。洞察力があってこそ、データもまた活きるのである。

そして、こうして得たさまざまな情報をもとに、最善策、すなわちもっとも成功する確率が高いものは何かを選択するのが「判断」であり、その正解率は、蓄積された「記憶」の量が多ければ多いほど高くなる。ということは、それだけ勝ちを拾う確率も高くなるのである。

無形の力の結晶、イチロー攻略

そんな無形の力が理想的なかたちで結実したケースをひとつあげよう。ヤクルト時代の一九九五年、オリックス・ブルーウェーブとの日本シリーズである。

このシリーズでヤクルトが勝利するためのカギは、前年に彗星《すいせい》のごとく現れたイチローをいかに封じるかということにあった。

逆にいえば、イチローを抑えなくてはヤクルトの勝利はありえなかった。

私はシーズン終盤からほぼ全員のスコアラーを派遣し、徹底的にイチローのデータを集めさせ、攻略法を考えさせた。だが、スコアラー陣から返ってきた答えは「お手上げです。弱点はありません。ある程度打たれるのは覚悟してください」。

「それでもプロか！」と激怒した私はもう一度データを収集・分析させたが、答えは同じだった。じつは、私自身もその結果を覚悟していた。私から見ても、イチローに弱点は見当たらなかったのだ。

だが、だからといってイチローを野放しにすれば、勢いやムード、流れはオリックスにいってしまう。なんとしても攻略しなければならなかった。

考えた末、でてきた結論は「困ったときは原理原則に返る」ことだった。すべての打者に通用するオーソドックスな配球で勝負することにしたのである。

どんなバッターでも一―〇もしくは一―一のボールカウントで真ん中からやや外角よりの低めに落ちるボールを投げれば引っ掛けてゴロにする確率が高かった。ワンストライクを取られると、どんなに選球眼のいいバッターでも、ホームベース上を通る高めと低めのボール球には手を出した。

ならばイチローといえども、追い込んでからストライクゾーン周辺のボール球で勝負すれば引っかかるはずだ。

そういう確信が私にはあった。

ただし、それには早めに追い込むことが絶対条件である。が、データによればイチローは早いカウントから打ってくるタイプ。不用意なストライクは命取りになる。そのためには、なんらかの対策が必要だった。

私はメディアを利用することにした。シリーズ前、イチロー攻略法を訊かれるたびに私は、「カギはインハイにある。どんどんインハイを攻める」と発言した。

だが、私は古田敦也らバッテリーに必ずしもインハイ攻めを指示したわけではない。

つまり、この発言は、私の得意な「ささやき戦術」だったのだ。ことあるごとにインハイ攻めを公言することで、イチローに「内角高めを攻めてくる」と意識させようとしたのである。さらに、「イチローは打つときに右足がバッターボックスから出ている。違反だ」と挑発した。心理的にゆさぶりをかけるためだった。

結果をいえば、このシリーズのイチローは二四打席一九打数五安打だったが、第一、二戦はほぼ完璧《かんぺき》に抑え、ヤクルトは敵地で連勝した。そして、四勝一敗で日本一を達成することができた。

私の見たところでは、やはりイチローは古田をおおいに意識していた。その証拠に早打ちのイチローが様子を見るために初球を見逃すことが多かったし、私の見たところ右肩が開き気味だった。明らかにインコースに意識がいっていた。

それに、当時のトレードマークだった「振り子」、すなわち右足の振り幅がいつもより小さくなっていたし、体重が微妙に踵《かかと》にかかっていた。

これらも内角攻めに対応するためだったと思われる。確実にイチローの心理状態は乱されていたのである。

私の意を受けた古田の観察力と洞察力も見事だった。古田は一球ごとにイチローの打席のなかでのちょっとした動きも見逃さず、狙い球や心理を読んで、インハイを意識させながらも各ピッチャーの特長を活かした配球を巧みに組み立てた。

無形の力を総動員した結果が、イチローを封じることになり、ヤクルトに日本一をもたらしたといっても過言ではない。

選手の適性を見抜き、適所に起用

二〇〇八年のシーズンも巨人はまたも大型補強を敢行した。「相変わらずだなあ」と私は感じたが、ただ、これまでの四番打者ばかりを集めるような無計画な補強と違うのは、それなりに的を射ているということだ。

巨人の弱点はやはり先発陣だ。昨年は上原浩治《こうじ》が抑えに回ったことで、分業システムは確立されたが、そのぶん、先発の駒が足りなかった。

そこで、ヤクルトから最多勝のグライシンガーを獲得するとともに、横浜のクローザー、クルーンを加えることで上原を先発に復帰させた。

昨季高橋由伸《よしのぶ》を一番に配した打線も、打点王ラミレスの加入で破壊力がアップし、ジグザグ打線も形成できることになった。もちろん、守備の不安や原監督が掲げていたスモールベースボールと齟齬《そご》をきたすなど課題は多いが、これまでに較べれば、ほんの少しとはいえ、適材適所のチームに近づいたのは事実である。

そう、ようやく巨人も気がつきはじめたように、強い組織をつくるためには、適材を適所に配置することが非常に大切なのだ。

どんな組織もそうだが、何人か集まればそれぞれの役割が発生する。

それぞれが自分に与えられた責任をまっとうすることで、組織は有機的に結びつき、人数以上の力を発揮する。そこが組織のおもしろいところであり、難しいところである。

野球には九つのポジションと打順があり、それぞれの役割は違う。それを無視して、たとえば四番バッターばかり集めたとしても機能するわけがない。

むしろ、素質には恵まれなくても、それぞれの役割に適した選手を起用し、自分の仕事をきちんと果たしてもらうほうが、よほどうまくいく。言い換えれば、適材を適所に配置すれば、たとえ個々の戦力は劣るチームであっても、素質はあっても自分勝手にふるまう選手が集まったチームよりも、強いはずなのである。

したがって、指導者にはそれぞれの人材をよく観察し、彼らの個性を理解するとともに、適性を見極めるだけの眼力ともいうべきものが求められる。

同時に、それぞれの選手はほんとうに自分を活かせる働き場所を与えられているのか、つねに気を配らなければならないだろう。これなくして、組織を生き返らせることなどできるわけがないと私は思う。

フォア・ザ・チームの徹底

強い組織をつくるために、もうひとつ徹底させなければならないのが、「フォア・ザ・チーム」、すなわちチーム優先主義だ。

じつは、当初楽天で苦労したのもそこだった。というのは、ご承知のように、楽天には近鉄の残党が多い。礒部について先に触れたが、礒部にかぎらず、近鉄にいた選手は自分の記録を上げることを第一に考える選手が多いのだ。

近鉄出身者だけでなく、最近は「まず自分が打つこと。それでチームに貢献したい」とか「自分が勝ち星をあげれば、それだけチームの成績も上がる」といった発言をする選手が多い。とくに弱いチームの中心選手に多々見られる。

だが、楽天のような弱いチームの選手がそういう考えで野球をやっていては、勝てるわけがないのである。

人間は自分がかわいい。だから、どうしても個人成績が気にかかるのは当然だ。それに、多くの球団は打率、ホームラン、打点、投手なら勝利数やセーブ、防御率といった目に見える数字をもとに選手を評価するから、給料を上げるためには記録を上げなければならない。弱いチームではしかたのない面もあるし、「自分が打つことが、チームの勝利に貢献することになる」という考え方自体は私も否定しない。

だが、「自分が打つことが、勝利投手となることがチームのためになる」という考えと、「チームのために打つ、勝つ」というのは、微妙だが明らかに意味が違ってくる。前者は個人記録優先主義、後者はチーム優先主義といっていいだろう。

野球は団体競技である。選手それぞれが自分の役割をしっかり認識し、まっとうすることがいちばん大切だ。

それが一丸となって戦うという意味にほかならない。各自がそれを忘れ、自分の記録のためにプレーしてしまえば、力が分散し、チームは崩壊する。

したがって選手は、記録よりチーム優先を考えて試合に臨むべきなのだ。すなわち「フォア・ザ・チーム」、「自分はチームのために何をすべきなのか、何ができるのか」を第一に考えなければならないのである。

「自分の記録よりチームの勝利」、「チームが勝つためにヒットを打ち、勝ち星をあげる」

ことが大切であり、その結果、記録も伸びるというかたちになるべきなのだ。実際、私の経験からいってもチーム優先の考えで打席に臨むほうが結果もよいことが多いのである。

だからといって、チームは〝仲良し集団〟になってはいけない。

弱いチームは往々にしてそうなりがちだ。V9時代の巨人は、まずいプレーをすると味方からも厳しいヤジが飛んだという。

ヤクルトの監督になったばかりのころ、ある選手がミスをしてベンチに帰ってくると、控えの選手が「ドンマイ、ドンマイ」といって元気づけようとした。美しい光景に見えるかもしれない。だが、それを聞いた私は烈火のごとく怒った。

「ミスを笑って許すとは何事だ！　そんなだから同じ過ちを繰り返すのだ。傷をなめあうのはアマチュアのすることだ。戦うプロの集団がすることではない！」

以来、ヤクルトでは慰めの言葉はいっさい禁止された。それればかりか、いつしかひとつのプレーをめぐって選手同士で口論すら起きるようになった。そして、そうしたことが頻繁に起きるのに比例して、成績も上がっていったのである。

人間的成長なくして技術的進歩なし

では、いかにしてフォア・ザ・チームを浸透させるのか。それにはやはり、人間教育が大切だと私は思っている。

「人間的成長なくして技術的進歩なし」――ミーティングで私は選手たちによくいう。「人間」という字は「人の間」と書く。これは、「人の間にあってこそ、人のためになってこそ人間と呼べる」のだと私は理解している。「人」という字も、人は支えあわなければ生きていけないことを示している。つまり、「他人があってこその自分」という謙虚な気持ちを持てということだと思う。

野球選手というものは、自分ひとりの力でここまでやってこられたと考えがちだ。だが、そんなことはありえない。

他人からさまざまな恩恵を受けている。

たとえば、打点の多くはランナーがいるからこそ生まれる。

その背景にはなんとかあとにつなげようと四球を選んで出塁したり、バントでランナーを得点圏に進めた選手がいる。ヒットやホームランを打って打率を上げられたのも、アドバイスをくれたコーチや、データを収集・分析したスコアラー、練習相手を務めてくれた打撃投手をはじめとする裏方が果たした役割は少なくないはずだ。

ピッチャーにしても、好リードをしてくれるキャッチャーやきちんと守ってくれた野手、ブルペンキャッチャー、コーチなどがいるから、勝利投手になれる。自分の力だけで打った、抑えたというのは錯覚であり、傲慢《ごうまん》というしかない。

選手はそのことを忘れてはいけない。

だからこそ監督や指導者は、選手が謙虚さや素直さを知らずにいるなら、きちんと教えなければいけない。

己を過信しているなら、正さなければいけない。選手である以前に、人間としての生き方を説いてやらなければいけないのである。

選手ひとりひとりのそうした意識が積み重なってこそ、真のフォア・ザ・チームの精神につながっていくからだ。

第二章　楽天的、意識改革

フロントの意識改革

文字通りのゼロからのスタートとなった楽天での一年目は、やはり最下位を脱出することはできなかった。いかんせん、それまで野球とは何かについて考えたことすらなかった選手たちである。

だから、キャンプ中から毎日ミーティングを行い、知力を伸ばし、その力を活《い》かすことの大切さを訴えた。結果として接戦をモノにすることが多くなり、勝ち星も一〇近く増えたとはいえ、私自身、選手の能力や特性を見極めること、つまり畑を耕し、種を蒔《ま》くことだけで精一杯だったこともあり、そうした考える野球、無形の力が浸透したとはとてもいえなかった。

しかも、頼りにしていた岩隈が故障でシーズンのほとんどを棒に振り、山﨑の潜在能力が目覚めるにはまだ時間が足りなかった。エースと四番不在で戦わなければならなかったのだ。戦力不足はいかんともしがたかった。

チーム強化には監督やコーチ、すなわち現場の力だけでは不可能だ。球団のバックアップ体制が必要不可欠なのである。

監督就任と同時に、選手たちに意識改革を迫る私だが、それは何も選手だけにかぎらない。ヤクルトでも阪神でも、私はフロントにも同様のことを求めてきた。とくに編成セクションには直接厳しくいった。

というのも、編成は球団のいわば心臓だからである。チーム強化というものは、補強と育成の両面でなされなければならない。

このふたつがうまくかみあってこそ、チームは強くなるのである。育成は監督やコーチ、すなわち現場の人間の仕事といっていい。もうひとつの補強を担当するのが編成である。

弱いチームは往々にして編成部が機能していない。

卓越した個人技を持つ選手が揃えばすぐに強くなるはずだと、適材適所を無視して同じような選手ばかり獲得したり、現場では即戦力がほしいといっているのに、高校生を指名したりすることが頻繁に起きる。

そして、結果が出ない理由を「現場に育てる力がないからだ」という。

そうなれば当然、現場は「必要ないい選手を獲《と》ってこないからだ」と反発することになる。つまり、編成と現場に意思の疎通ができていない。

これでは強くなるはずがないのだ。

アスレチックスとレッドソックスの強さの秘密

余談になるが、二〇〇八年、ボストン・レッドソックスと開幕戦を行うために来日したオークランド・アスレチックスというチームは、メジャーリーグのなかでも貧乏球団として知られている。

したがって、スター選手はほとんどいない。にもかかわらず、毎年のようにプレーオフに進出している。

その秘密は、まさしくスカウティングにあった。従来のスカウトの経験や勘による選手評価を排し、徹底的なデータ主義を採用したのである。

これは、二〇〇〇年に就任したゼネラルマネージャーのビリー・ビーンが打ち出したものだが、貧乏球団ゆえ、アスレチックスはドラフトで目玉となるような選手の獲得は金銭的にあきらめざるをえない。

とすれば、トレードも含めていかにほかのチームが目をつけない埋もれた才能を発掘するかがカギとなる。このとき、選手の評価の基準となるのが客観的なデータなのだ。

といっても、アスレチックスが重視するのは、得点圏打率や打点、防御率といった誰もが注目するようなデータではない。

これらは偶然や周囲の環境に左右されることが多く、必ずしもその選手の実力を示すものではないからだ。

また、足の速さや球速、失策率もそれほど重視しない。目をつけるのは、打者ならば長打率と出塁率、そして出塁率に大きな影響を与える選球眼。投手なら被本塁打や与四球の少なさと奪三振の数である。

これまでの膨大なメジャーリーグのデータを解析した結果、これらの数字がチームの勝率ともっとも大きな相関関係を持っているのだという。

そして、現場でもこうした要素を持つ選手たちの能力を最大限に発揮させるような野球を展開する。打者はなによりも四球を選んで出塁することが奨励され、アウトをただで進呈する犠牲バントや失敗の可能性がある盗塁は極力しない。

そうして長打を待ち、効率よく得点し、守っては逆に四球や長打を出しにくいピッチャーを重用することで、相手の得点チャンスの芽を摘むわけだ。

私には必ずしも頷《うなず》けるものばかりではないが、現にアスレチックスはこうした独自の指標をもとにドラフトやトレードでほかのチームが見向きもしない選手を「安く買い」、多大な費用対効果をあげているのである。

そして、そうした選手の才能が開花したら、今度は「高く売りつける」わけだ。

ちなみに、かつては巨人のように毎年有力選手を多数集めながら、なかなか優勝できなかったレッドソックスが近年好成績を残しているのも、二〇〇二年にビリー・ビーンを師とあおぐセオ・エプスタインをGMに迎え、データを駆使した同じような独自の基準により選手を採用するようになったことが大きいといわれている。

岡島秀樹の獲得を決めたのも、そうした指標のひとつ——三振数÷与四球数——が高かったことが理由だという。また、ミネソタ・ツインズではそれほど評価されていなかったデビッド・オルティーズも、出塁率と長打率の高さに注目して入団させた選手である。

エースを獲ってくれ

話を戻す。

アスレチックスやレッドソックスの評価基準がほんとうに正しいのかは別にして、ことほどさように いかなる選手を獲得するかということ、すなわち編成の仕事はチーム成績に直結するのである。

だから私は、監督になると編成セクションの人間と積極的に対話を持つ。私がどのような野球をやろうとしているのか、そのためにはどんな選手が必要なのかを説明し、協力を要請するわけだ。こうしてあらかじめきちんと方針を示しておけば、先にあげたような責任のなすりあいは避けられるはずなのである。

三木谷《みきたに》オーナー（当時）との最初の食事会でも話したことだが、私が目指す野球の基本は、いわば「守り勝つ野球」だといっていい。野球は相手に点をやらなければ絶対に負けない。いくら得点をしても相手にそれより多く取られてしまっては勝てない。したがって、守り重視とならざるをえず、そのために何より必要なのはピッチャーだ。そこで編成には即戦力のピッチャーの獲得を第一に要請する。毎年ひとりずつでもいい投手が獲れれば、三年でローテーションの三本柱ができあがる。そのあいだに若手を現場で育成していけばいい。

もうひとつ、とくにスカウトにいうのは「足が速い、球が速い、ボールを遠くに飛ばす……そういう天性を持った選手を探してくれ」ということである。というのは、天性ばかりは育成することができないからだ。いくらこちらが鍛えても、本人が努力しても限界がある。逆にいえば、それ以外の部分は育てられるというのが私の信念である。俊足をいかすために捕手から外野手へコンバートさせたヤクルト時代の飯田哲也や、バッティングが悪いからと指名リストに入っていなかった阪神の赤星憲広《あかほしのりひろ》がその代表といっていい。

楽天は、岩隈以外に先発の柱となる投手がいなかった。だから、正式に監督になった私は、まずは「なによりも投手を獲ってください」と要求した。そして、それは二〇〇六年のドラフトで実現することになる。いうまでもない。その年の最大の目玉、マー君こと田中将大《まさひろ》を引き当てたのである。

エース候補・田中

田中にはもちろん、高校生のときから注目していた。未完成で荒削りだが、伸びる予感を感じさせた。高校生のときからあまり完成されていると、プロとしてはそれほど魅力を感じない。その点、田中は早稲田《わせだ》実業の斎藤佑樹《ゆうき》よりもプロ向きだと思った。

だが、いかんせん高校生、大きな期待はしていたが、実際にキャンプでボールを投げるのを見るまではプロですぐに通用するか半信半疑だった。

ところが、田中のボールを見た瞬間、私は驚いた。

「これが一八歳の投げる球か！」

一年目から活躍できると確信した。速球もさることながら、変化球がいい。あれほどブレーキのあるスライダーを放る投手は、プロでもそうはいない。身体も高校生にしては出来上がっていたし、闘争心はもとより申し分ない。まさしく私の欲していた即戦力、しかもエース候補だった。

投げるボール以上に私を喜ばせたのは、田中の頭のよさだった。私のいうことを即座に理解する。決して口数は多くないし、朴訥《ぼくとつ》だが、主張すべきことははっきりと明言する。体力、気力に加えて知性も持ち合わせていたのである。

「これは絶対に上手に育てなければいけない」

私は思った。それにはどうやってデビューさせるかが重要だ。これを間違えると、のちのちまで影響する。

新人投手のデビューのさせ方には、大きく分けてふたつある。ひとつは、たとえば弱いチーム相手に、しかも試合の結果に影響しないような場面で気楽に投げさせる方法。精神的に強くない投手にはこの方法がいい結果を生むことが多い。

そしてもうひとつは、いきなり強敵相手に登板させるやり方だ。こちらは当然、強靭《きょうじん》な精神力を持っていなければ務まらない。

ただ、そういう選手なら仮に打たれてもそこから何かをつかみ、さらに大きく成長するきっかけになる可能性があるし、抑えることができれば、もちろんすばらしい自信になる。

田中はどちらのタイプか。決まっている。

後者である。田中には将来、楽天だけでなく、球界を背負うピッチャーになってもらわなければならない。

とすれば、あえて試練を与えるほうが将来のためになるだろうし、かりにノックアウトされても田中なら自力ではいあがってくるはずだと私は考えた。

田中のデビューを、私は三月二九日、福岡ヤフードームでのソフトバンク戦に定めた。松中信彦を中心に、巨人から復帰した小久保《こくぼ》裕紀《ひろき》、横浜ベイスターズから移籍した多村仁《たむらひとし》らから成るソフトバンク打線は、リーグ屈指の破壊力を持つ。しかも、アウェイである。これ以上ないというくらいの厳しい試練だった。

結果から述べれば、田中は六安打を浴び、四点を失って二回もたずにマウンドを降りた。KOである。ベンチに帰って、田中は涙を見せた。打たれたからといって、私は結果に対しては何もいわなかった。KOされるのは必然だったからだ。自分なりに反省し、次に向けて何かをつかんでくれればよかった。

私がいったのは「ピッチングがまじめすぎる」ということだけだった。若いのだから中途半端にまとめようとせず、プロの胸を借りるつもりでもっと大胆に攻めてほしかったのだ。

果たしてその真意は田中に伝わった。四月一二日の西武戦では積極的に打者の内角を攻める、気魄《きはく》を前面に押し出した強気のピッチングを展開した。

「こういうピッチングをしてほしかったのだ」

勝ち星にはつながらなかったが、私はおおいに満足した。そして、四月一八日、フルキャストスタジアム（現・クリネックススタジアム）で田中はついに初勝利をあげる。相手は初戦でKOされたソフトバンク。二失点の完投だった。

以降、田中は、岩隈を欠くローテーションの中心を担うことになった。「マー君、神の子、不思議な子」と私は評したが、田中が投げると打線がよく打った。おそらく、田中の気合いが打線にも伝播《でんぱ》するのだと思う。

「あいつになんとか勝たせてやりたい」

田中は野手にそう思わせると山﨑はいっていた。最終的に田中は一一勝をあげ、新人王に輝くことになった。

山﨑を誤解していた私

田中という先発の柱ができただけでなく、二年目はもうひとつ大きな収穫があった。思わぬところから、チームの中心たりえる人材が現れたのだ。そう、山﨑武司である。

山﨑は考えて打席に臨むようになり、その年、ホームラン王と打点王の二冠に輝いた。だが、その記録以上に山﨑は、正真正銘のチームの中心として、比類なき貢献をしてくれた。

山﨑はかつて中日ドラゴンズで活躍した選手である。ヤクルトの監督時代、私は何度も彼と対戦したことがある。山﨑は不思議と神宮球場でよく打った。だからというわけではないが、正直、山﨑に対して私はあまりいい印象を抱いていなかった。

というのは、どことなく不良っぽく見えたのである。生意気で、やんちゃで、不真面目な選手と私の目には映った。周囲にも悪影響を及ぼすように見えたのだ。じつは山﨑のほうも「野村とは合わない」と感じていたらしい。

私の楽天監督就任が決まったときには、「これでおれの現役生活も終わりだ」と思ったほどだったようだ。

だが――山﨑のほうは私のことをいまどう思っているかはわからないが――私は彼を誤解していた。山﨑は非常に正義感が強く、じつにしっかりしていた。まさに「馬には乗ってみよ、人には添うてみよ」の典型といえた。

山﨑は自分でもいっているように、私にかぎらず人から誤解されやすいようだ。最初の春季キャンプのある日のミーティングで、山﨑の姿が見当たらなかった。それで、翌日、彼を呼んだ。

「おまえ、昨日おらんかったろう」

「いえ、監督の隣にいましたけど」

打撃コーチの池山隆寛《たかひろ》に訊《たず》ねると、山﨑のいうとおりだという。私が気づかなかっただけだったのだ。

こんなこともあった。ミーティングで私は選手たちに一言一句ノートに書き留めさせる。ところが、山﨑を見ると、どうもメモをとっているようには見えない。あとでマネージャーを通じて注意した。すると、帰ってきてマネージャーがいうには、山﨑はきちんとメモしていたのだという。

ほかの選手が私のいったことをすべて書き留めているのに対し、山﨑は必要なことだけをメモしているというのである。ベテランで経験もある彼は、自分でわかっていることはあえて書かないらしい。だから、ほかの選手に較べるとペンを動かす量が少ないわけである。

真のリーダー山﨑

このように山﨑は誤解を招きやすいのであるが、反省した私は、以来、山﨑のことを注意して見るようになった。すると、山﨑が後輩選手たちにアドバイスをしている姿をしばしば見かけた。

よいチームの条件のひとつに、先輩が後輩に自然にアドバイスできる環境ができていることがあげられる。監督やコーチという管理職は、あくまでも目に映ったことしかいえない。だが、選手なら後輩とともにプレーして体験したことを話してやることができる。感じたことを伝えられる。

同じアドバイスでも、上司からいわれるのと先輩からいわれるのとでは、受け取る側にとっては大きく違う。説得力が変わってくるのである。山﨑はそうすることを自分の使命だと思ってくれているようだ。

　また、山﨑はアドバイスするだけでなく、やるべきことをやっていない選手や全力を尽くしていない選手をよく叱ってくれる。いつだったか、ある若手に平手打ちをくらわしているのを目撃したことがあった。

「なにを怒っているんだ？」

　私が訊ねると、山﨑は答えた。

「若いくせに手を抜いているんですよ。一所懸命やっていない。全力疾走を怠ったり、スライディングすべきところをしなかったり、怠慢なプレーが目立ったからです」

　手を上げるのは決してほめられたことではないが、山﨑の正義感、責任感の強さがそうさせたのだと私は理解している。

　二〇〇八年のキャンプでも、ミーティングのあとで山﨑が選手を残して活を入れたことがあった。その理由を訊《き》かれた記者たちに、山﨑はこういったという。

「監督が名前を呼んでいるのに、返事をしなかったり、反応の鈍い奴がいた」

　そして、こう続けた。

「強いチームは、そういうところからしっかりしている。技術はコーチから教わればいいけど、礼儀とかはおれたちの役目だからね」

しかも、山﨑はかんたんには試合を休まない。「チームの中心はよほどのことがないかぎり、休んではいけない」――これは私がたびたび指摘していることだ。「休まない」ことは中心選手の責任である。中心がそうであってこそ、周りの選手も見習うようになる。王貞治《さだはる》にしろ、長嶋茂雄にしろ、かくいう私にせよ、少々のケガでは休まなかった。金本知憲もそうだ。

山﨑もめったなことでは休まない。タイトルを争っていた九月に股《こ》関節を痛めたときも、コーチは欠場を勧めたが、数試合休んだだけで自分の意志でベンチに戻った。

「それが当たり前のことだから」

そう山﨑はいっていたものだ。

だから、ほかの主力選手がちょっとしたケガで休もうものなら、山﨑は許さない。じつは楽天にはそういう選手が多かった。少しどこかを痛めたくらいで「あそこが痛い、プレーできない」と弱音を吐く。あるとき、礒部に対して山﨑の叱責《しっせき》が飛んだことがあった。

「おまえはいちばんの高給取りだろう。少々のケガで大騒ぎして欠場するのは最低だ。おれは多少痛いところがあったって、監督に『出ろ』といわれれば出場する。おまえにもそれだけの責任があるんだ！」

こういう怖い先輩が何人かいると、チームに緊張感が生まれるし、全員が「しっかりやらなければならない」と思うようになる。

監督にとっても非常にやりやすいし、ありがたいことなのだ。昨シーズンの楽天の躍進は、こうした姿勢をほかの選手たちに示してくれた山﨑の力に負うところが非常に大きいと私は思っている。

若手を抜擢《ばってき》

田中と山﨑の活躍に加え、二〇〇七年の楽天は若手の擡頭《たいとう》が目立った。二年目を迎えた私は、若手を積極的に登用することに決めたのだ。

楽天の監督を一シーズン務めてみて、あらためて再認識したことがあった。それは、「鉄は熱いうちに打たなくてはダメだ」ということだった。

私は中途半端な選手を嫌う。たいした実力もないのに、自分はスターだと勘違いしている選手や、周囲から甘やかされ、「これでいい」と自己満足してしまっているような選手のことである。

阪神はそんな選手ばかりだった。それで非常に苦労した。そういう選手は、自分が試合で使われなくなると、責任を監督やコーチに転嫁する。自分を使わないのは、監督が野球を知らないからだというように、なぜ使ってもらえないのかを自分のこととして考えない。素直さや謙虚さが欠如しているわけだ。

だが、人間の価値は他人の評価で決まる。他人の評価が正しいのだ。「この選手はこうなってもらわなければこれ以上伸びない」と周りが判断しているのに、当の選手が自分が正しいと思い込んでいては、つまり自分から「変わろう」という意志が見られないのでは、いくらこちらが変えようとしても変えられない。

ご承知のように、楽天には大阪近鉄バファローズの残党が少なくない。彼らの多くは近鉄時代の自分からなかなか変わろうとしない。はっきりいえば、個人記録優先主義。「チームのことより自分の記録」という考えが染み付いてしまっている。

彼らを見ていると、申し訳ないが、入団一〜三年目、この三年間がいかに大切かあらためて痛感させられる。「鉄は熱いうちに打て」とはよくいったものだと……。

それならば、中途半端に色のついてない若手や新人を実戦に起用しながら徹底的に教育していったほうが私の考えが浸透するし、チームの将来のためにもいい。そう考えたのだ。

結果、田中のほかにも新人ながら七勝をあげた永井怜《ながいさとし》や八勝をマークして一本立ちした朝井秀樹《あさいひでき》らが将来の活躍を予感させるような働きを見せてくれた。

野手ではオールスターに選ばれた鉄平《てっぺい》をはじめ、サードには二年目の草野大輔《だいすけ》が、ショートにはルーキーの渡辺直人《わたなべなおと》が定着した。なかでももっとも成長を感じさせたのが、キャッチャーの嶋基宏《しまもとひろ》だった。

「優勝チームに名捕手あり」とは私がしばしば指摘することである。「キャッチャーは監督の分身である」ともよく口にする。これだけ情報戦が発達し、打撃の技術も進歩した現代の野球では、キャッチャーの役割はきわめて重要であることは、もはや説明するまでもないだろう。

キャッチャーが育てば、チームづくりの半分はできたようなものだ。楽天が優勝争いをするためには、信頼できる捕手を育てることが急務だった。そこで目をつけたのがルーキーの嶋だったのである。

一年で成長を見せた嶋

かつてヤクルトで、私は同じようにルーキーの古田敦也を抜擢《ばってき》した。それが、のちにヤクルトが強豪チームに生まれ変わる大きな要因になった。

ただし、当時の古田をプロとして使い物にならないと信じていた評論家やプロ野球関係者は少なくなかった。古田はメガネをかけている。当時はメガネをかけたキャッチャーなんか使い物にならないというのが定説だった。

私もその説に与《くみ》して古田の指名に反対したといわれるが、それは誤解である。もちろん、メガネをかけていないほうが望ましいのは事実だが、少なくともメガネがキャッチャーの支障になるとは思っていなかった。

しかし、古田のバッティングは、お世辞にもいいとはいえなかった。だが、古田はキャッチングやスローイングに見るべきものがあった。キャッチャーの重要な資質である股関節の柔らかさもすばらしかった。

そうした魅力が、メガネをかけていることやお世辞にもいいとはいえないバッティングを補ってあまりあった。

「なんとかなるかもしれない」

そう感じた私は、徹底的に鍛えることにした。つねに私のそばに置き、はたから見ればかわいそうなほど、厳しく指導した。並みの選手なら、へこたれていたかもしれない。だが、古田には闘争心があった。「なにくそ！」と思いながら、懸命に野球に打ち込んだ。それが古田の成長を促した。

嶋にも古田と同じように接した。どのようなリードをすればいいのか、私は答えはいわない。もちろん、いいたいことは山ほどある。けれども、我慢して、あくまでもヒントを出すだけだ。そうすることで嶋に自分で考えさせる。そこが大切なのだ。嶋はベンチにノートを持ち込み、私のいったことをメモしていたようだ。

結果、ずいぶんリードは進歩した。ある試合でこういうことがあった。相手は日本ハムだった。

それまでの嶋は、あまりに安全策を選択したがる傾向があった。セオリーどおりといってもいいかもしれない。ひとつ型をつくると、そこから冒険しない。だが、一流のキャッチャーはそれではダメなのだ。ときには奇策を交えないといけない。配球とは正攻法と奇策の組み合わせで成り立つものなのである。安全策ばかりではパターン化し、すぐに解析されて読まれてしまう。

そこが嶋に不満を感じる点だった。だから、私はいい続けた。

「打者の動きを見ろ。反応を見ろ。見えなければ感じろ！」

そして、この試合で嶋は、私の教えてきたとおりのすばらしい配球を見せたのである。二死満塁で、バッターはその後首位打者を獲得する稲葉を打席に迎えた。

初球はストレートから入った。二球目もストレート。稲葉は手を出し、ファール。しかし、振り遅れていた。嶋はこれで稲葉が変化球を狙っていることを見破ったのだろう。だが、キャッチャーとしては同じボールを三球続けたくはない。どうしても次はそれを狙ってくると思ってしまうからだ。

ましてカウントは二―〇。一球様子を見るケースである。

ところが、そこで嶋はまたもストレートで勝負させた。結果は三振。これには私も舌を巻いた。つねにこうしたリードができれば、将来は楽天のホームベースをしっかり守ってくれる――そう思えたのである。

嶋はその年、ルーキーながら一二五試合に出場。盗塁阻止率もリーグ二位だった。たしかに打率二割に満たないバッティングはこころもとないが、古田が配球をバッティングに活かして首位打者まで獲ったように、嶋の打撃もリードが成長するのに比例してよくなっていくはずだと私は考えている。

チーム一丸となって最下位脱出

こうして「種を蒔いて、育てた」二年目のシーズンだったが、まだまだ戦力は足りないし、考える野球、無形の力が養われたとはいえない。

だが、粘り強さは確実に出てきた。山﨑が語っていたように、「負けて当然」と思うような選手はひとりもいなくなったといっていい。その意味では、負け犬根性は払拭《ふっしょく》されたはずだ。

そんなことを私に確信させたゲームが、二〇〇七年九月一二日、本拠地フルキャストスタジアム宮城（現・クリネックススタジアム宮城）でのオリックス・バファローズ戦だった。

八月をリーグトップの勝ち星となる一五勝一二敗で勝ち越し、〝定位置〟の最下位を脱出した楽天だったが、九月に入るとやはり、懸念していた地力のなさが表れた。勢いが止まってしまったのだ。八月の好調でにわかに注目を浴びて浮き足立ってしまったこともあったのか、選手たちは集中力を欠き、ミスが目立ちはじめた。

しかも、ホームランと打点の二冠王を狙えるほどの活躍でチームを引っ張ってきた主砲の山﨑は、股関節を痛めていた。結果、このオリックス戦を落とすと、再び最下位に逆戻りしてしまうという状況に追い込まれたのである。

もしここで敗れてしまうと、「やっぱりダメなのか」と選手たちが意気消沈し、そのままズルズルと後退してしまうおそれがあった。そうなれば、選手たちにようやく生まれかかっていた自信は失われ、私がこれまで選手たちに教え込んできたことが水泡に帰す可能性すらある。翌年以降を見据えたうえでも、大事な一戦だった。

八回裏に楽天が五―五の同点に追いついた試合は、そのまま九回裏に入り、楽天は一死二、三塁と絶好のサヨナラのチャンスを迎えた。打席に入ったのは、三番のリック・ショートである。

この場面、大久保勝信《まさのぶ》と日高剛《たけし》のオリックスバッテリーは、一塁が空いていたこともあり、リック・ショートを敬遠、四番・山﨑との勝負を選んだ。山﨑は故障を抱えていたから満足に走れない。内野ゴロにしとめれば確実にダブルプレーをとれるとオリックスのベンチは考えたのだろう。加えて山﨑は大久保を苦手としていた。くみしやすしという判断もあったと思う。

外野フライでもサヨナラである。が、それだけにこのチャンスを逃すと選手に与える影響ははかりしれなかった。そうなればオリックスに流れが傾き、楽天が勝利する確率はかなり低くなってしまう。

「絶対に決めてやる」

山﨑はそう思ったに違いない。

ところが、その強い気持ちが裏目に出た。つい力んでしまったのか、山﨑の打球はオリックスバッテリーの望みどおり、ショート後藤光尊《みつたか》の左に転がった。

「ああ……」

球場を埋めた楽天ファンから大きなため息がもれた。「万事休す」と思ったに違いない。

後藤が捕ったボールはセカンドの阿部《あべ》真宏《まさひろ》へとトスされた。ファーストランナーのリックが憤死。阿部はリックの激しいスライディングでバランスを崩したが、なんとかボールをファーストに転送した。

しかし、山﨑はあきらめていなかった。ケガによる痛みをものともせず、猛然とファーストベースへ駆け込んだ。

「セーフ！」

塁審の手が大きく左右に振られた刹那《せつな》、サードランナーの藤井彰人《あきひと》がホームベースに滑り込んでいた。

「やったあ！」

楽天ベンチから選手全員が飛び出し、一塁ベース上で倒れこんでいる山﨑のもとに駆け寄る。そして、歓喜の雄たけびをあげながら、歩けない山﨑をみんなでかついでベンチへと連れ帰った。スタンドでは熱い「山﨑コール」が巻き起こっていた。

「足が壊れてもセーフにならなきゃ。みんながつくってくれたチャンスだから……」

一塁へ懸命に走りながら山﨑はそう思っていたという。「フォア・ザ・チーム」――この言葉を山﨑は身をもって示したのだ。そして、その思いは選手全員に伝わった。このとき、チームはひとつになった。

このゲームはのちに、あるテレビ局が実施したアンケートで楽天のベストゲームに選ばれたというが、私にとっても意義深いゲームだった。監督就任以来、二年近くにわたって説き続けてきた「弱者が強者に勝つための野球」が、ようやく浸透してきたという手ごたえを得られたからだ。チーム全体に「勝とうぜ」という気が充満しているのを私は感じていた。

事実、この勝利で勢いを取り戻した楽天は、二年連続の最下位を脱し、目標のＡクラス入りには届かなかったものの、なんとか四位につけてシーズンを終えた。ソフトバンクにも勝ち越した。

本拠地でのシーズン最終戦のあと、われわれはグラウンドを一周した。

「来年は絶対に優勝争いにからんでみせる」

最後まで懸命に応援してくれた仙台のファンの前で、私はそう誓った。

第三章　再生の極意は気づきにあり

野村再生工場

私自身もある程度は予想していたことだが、楽天での一年目のシーズンは、ご承知のように最下位に終わった。勝ち星は九つ増えて四七となり、優勝チームとのゲーム差も、前年の五一・五から三三まで縮まったとはいえ、決して自慢できる成績ではなかった。

ただ、収穫もあった。

この年は両リーグ合わせて延長戦が二二試合あったのだが、うち半分は楽天が追いついてのものだ。それなりに粘り強さは出てきたのは、無形の力がわずかながらも浸透した結果といっていい。

もうひとつが鉄平の成長だった。鉄平はそれまで中日の二軍でくすぶっていた選手である。五年間の二軍生活ではかなりの成績をあげていたとはいえ、ほとんど一軍での出場はなかった。それが楽天に移籍するや、一〇三試合に出場し、打率三割三厘をマークする活躍を見せた。

そして、翌二〇〇七年、楽天は四位まで浮上するわけだが、これにはプロ二一年目のべテラン、山﨑の復活ぬきには考えられない。

山﨑は中日ドラゴンズ時代の一九九六年には三九本塁打を放ち、ホームラン王に輝いたことがあるとはいえ、その後はチームが期待したほどの成績を残せず、二〇〇三年にオリックス・ブルーウェーブ（現・バファローズ）に移籍。二年間在籍したが戦力外通告を受け、楽天に入団してきた。

楽天では一年目の途中から四番に座り、二五本塁打をマークしたとはいえ、年齢的にもそれ以上の活躍は無理だろうと思われていたにちがいない。はっきりいって、〝終わった選手〟と見なされていたのである。そんな選手が、二〇〇七年にはホームランと打点の二冠王に輝いたのだ。

いったい、何が鉄平と山﨑を変えたのか。

これまで私は、峠を過ぎたと思われた選手や箸《はし》にも棒にもかからないとみなされていた選手を何人も生き返らせてきた。そのため、いつしか〝野村再生工場〟と呼ばれるようになった。そこで、鉄平と山﨑のことを語る前に、私がいかにしてこうした選手を再生してきたかをお話しすることにしよう。

自己限定を捨てさせ、自信を与える

そのはじまりは、南海監督時代の一九七三年に巨人から移籍してきた山内《やまうち》新一と松原（福士《ふくし》）明夫というふたりのピッチャーをなんとかしようと考えたことだった。

いくらでも好投手を獲得できる巨人に較べ、貧乏球団の南海は現有戦力を最大限に活用しなければならない。巨人をお払い箱になったとはいえ、ふたりは貴重な存在だった。

再生というのは、じつはそれほどむずかしいことではないと私は考えている。

まず、彼らは前にいた球団をいわば放り出されたわけだから、悔しさを持っている。「なんとかして見返してやりたい」と思っている。それゆえ、どんなことでもやろうとするし、アドバイスも素直に聞く。結果を出すためなら、変わることを辞さない。

もうひとつ、とくに伸び悩んでいる選手には共通していることがひとつある。それはマイナス思考であるということだ。

「僕はこれで精一杯です」

「自分の力はこんなものです」

ほとんどの選手がそう思っている。言葉を換えれば、いわれなき自己限定をしているのである。

しかし、いやしくもプロに入ってくるような選手なのだから、それなりの力は持っているはずなのだ。くすぶっている理由は、自信を持てなかったり、持てる能力を活《い》かす方法をわかっていなかったりするケースが多いのである。逆にいえば、それまでの指導者が力を引き出せなかったともいえる。

したがって、彼らの悔しさを利用しながら一軍で活躍するために足りない力を補い、自信を与えてやればいい。それが再生の第一歩である。

では、具体的にどうするか。山内と松原には、フリーバッティングの際にバッティングキャッチャーをやらせてみた。バッティングピッチャーに一〇〇キロ程度のボールを投げさせ、バッターの後ろで受けさせるわけだ。

すると、たとえバッティングピッチャーのボールでも、きちんといいコースに決まれば、一流のバッターでも打ち損じることがあるということが理解できる。言い換えれば、ピッチャーにとってコントロールがどれほど重要であるかが身にしみてわかるのである。

そのうえで、「とにかくストライクを投げられるだけのコントロールをつけろ」とふたりに命じた。ピッチャーというものは、スピードを出そうとするとどうしても力みがちになる。

とくに山内は、かつては快速球で勝負するピッチャーだっただけに、ひじを故障して、もはや速球は投げられなくなっているにもかかわらず、速球へのこだわりを捨てられなかった。

しかし、ピッチャーというのは、必ずしも三振をとる必要はない。点を取られなければいいのである。コントロールに気をつけようと考えれば、自然とフォームのバランスに気を遣うようになる。するとピッチングが変わってくる。

それに、私は監督であると同時に現役のキャッチャーだった。だから、「ストライクさえ入れれば、オレがリードでなんとかしてやる」ともいってやることができた。

よくいうのだが、いいピッチャーは誰が受けても同じである。かんたんにいえば、バッターがストレートを狙うとわかっていたときでもストレートを投げさせてもいいのが一流のピッチャーだ。

だから、キャッチャーのリードが下手でもなんとかなる。

しかし、実績のないピッチャーはそうはいかない。山内も松原も、巨人ではほとんど勝ち星をあげられないでいた。

そこで力となるのがキャッチャーの腕なのだ。たとえ二流といわれるピッチャーであっても、ストライクさえ投げられれば、キャッチャーが打者の傾向やクセ、心理状態などを考慮しながら配球を工夫して組み立てていくことで抑えることは不可能ではない。そうやって少しずつでも結果が出ていけば、ピッチャーにも自信が生まれてくる。

とりわけ実績のないピッチャーにとって勝ち星は最高の良薬だといっていい。そうなれば、それまで平凡なピッチャーであっても見違えるような成長を見せることがあるのである。

事実、そうやって使っていった山内はその年、なんと二〇勝をマーク。松原も七勝をあげた。このふたりの成長がなければ、その年の南海のリーグ優勝はなかった。東映フライヤーズで芽が出なかった江本孟紀《たけのり》や、ヤクルト監督時代にダイエーホークスからやってきた田畑一也《たばたかずや》も、同じやり方で才能が開花したといっていい。

鉄平

鉄平も伸び悩んでいた選手だった。二軍では活躍できるのに、一軍での出場機会にはほとんど恵まれなかった。

私自身、いっては悪いが、まったく注目も期待もしていなかった。が、キャンプやオープン戦を見ているうちに、「我慢して使っていけば、ひょっとしたらいけるのではないか」と思うようになった。

山内と松原、鉄平のケースは、それまでくすぶっていた選手が花開いた例だが、もはや限界と見られていた選手を文字通り〝再生〟させた例が、ヤクルト時代の吉井理人《まさと》と阪神の遠山奬志《しょうじ》のケースだった。

吉井は一九九五年、西村龍次《たつじ》とのトレードで近鉄バファローズからヤクルトに移籍してきた。近鉄では主に抑えとして活躍、八八年には最優秀救援投手に輝いたこともあったが、九三年の先発転向後は思うような成績をあげられず、もはや〝過去の投手〟という印象を免れなかった。

一方の遠山も、阪神に入団した一年目の八六年に八勝をあげたものの、その後は結果を出せず、ロッテに移籍。一時は打者に転向し、結局は自由契約になって阪神のテストを受けて入団してきた選手だった。

吉井と遠山、当時のふたりに共通していたのは、ストレートとスライダーしか球種がないということだった。その威力が衰えたため、通用しなくなったわけだ。

しかし、ここが肝心なところなのだが、それは逆にいえば再生の道が残されているということである。投手としての可能性がまだ残っているということだ。

新しい球種を覚えればいいのである。

投手というのは、新しい球種をひとつ覚えただけで、寿命が延びる。稲尾和久にしても金田正一《まさいち》さんにしても、スライダーやフォークボールを覚えたおかげで、晩年に勝ち星を積み重ねることができた。

私は吉井と遠山にいった。

「シュートをマスターしなさい」

なぜか。前述したようにふたりはスライダーを持っていた。シュートを覚えれば、スライダーと合わせてペアで使うことができる。ピッチャーは、内と外、あるいは緩と急を使い分けることができるようになると、配球の幅が一気に広がっていく。

これが私のいう、変化球を投げる必要性なのだが、吉井なら右打者に対して、左投手の遠山の場合は左打者に対して、シュートを投げることで打者に内角を意識させることができれば、外に逃げるスライダーがさらに有効になる。

だから私は、ふたりに対して「シュートを覚えろ」と命じたのだ。

そのうえで、打者によってプレートの踏む位置を変えるなど、持っている球種を少しでも効果的に使えるような投げ方を工夫させた。遠山にはサイドスローに変えることを勧めた。左打者にとって、左のサイドスローほど打ちにくいものはないからだ。

結果、吉井はさらにフォークボールをマスターし、三年連続二桁《けた》勝利をあげ、メジャーリーグに飛び立っていったし、遠山もとりわけ〝松井秀喜《ひでき》キラー〟としておおいに活躍してくれたのである。

シュートで開眼した川崎

新しい球種を覚えたことで、大きく成長した投手はほかにもいる。川崎憲次郎《けんじろう》がそうだ。抜群の球威を武器に、二年目からヤクルトの主軸として三年連続二桁勝利をあげた川崎だが、性格がやさしいのか、内角の厳しいところを攻められず、甘くなったボールを痛打されることが目立つ投手でもあった。しかも、その後故障したことで、一度は自信を失いかけた。

「もはやここまでではないのか」との声もあった。だが、私は内角さえ攻めれば再生は充分可能だと思った。それにはシュートをマスターすればいい。そう考えた。

のちに吉井と遠山を再生させたシュートではあるが、その威力は誰もが認めつつも、その当時は「ひじを痛める」といわれ、投げる投手はあまりいなかった。だが、私は疑問に思った。シュートでひじを痛めた投手など知らなかったからだ。私の現役時代はみんながシュートを投げていた。

そこで、江川卓と巨人の両輪を担ったシュートのスペシャリストともいうべき西本聖に訊《たず》ねてみた。

「シュートがひじを悪くするというのはほんとうか？」

西本は答えた。

「誤解ですよ。シュートはひじではなく、人差し指に力を入れて曲げるんです」

自信をもった私は、川崎にシュート習得を命じた。やはり最初は怖がった川崎だが、自分が再生するためにはこの方法しかないとわかったのだろう、懸命に取り組んだ。それまでストレートとフォークが中心だった組み立てにシュートが加わったのだ。

すると、おもしろいように内野ゴロを打たせることができるようになった。本塁打を打たれることも減った。じつは川崎のシュートはほんの少ししか曲がらなかったのだが、それでもこれだけの効果があったのである。

川崎は完全に再生した。九八年には最多勝に輝き、日本シリーズでもＭＶＰを獲得した。

川崎はいまでも折に触れて「ぼくが勝てるようになったのは野村監督のおかげです」といってくれる。「シュートを覚えたおかげだ」と……。

闘争心が生んだ荒木の復活

ただし、再生するためには絶対に欠かせない資質がある。

第一は「闘争心」。「なにくそ！　いまに見ていろ。絶対に復活してやる」という強い気持ちがなければ、いくら尻《しり》を叩《たた》いても再生など望むべくもない。

その意味で忘れられないのが、荒木大輔《だいすけ》の劇的な復活だった。

ご承知のように荒木は早稲田実業時代に甲子園に五度出場。一九八二年のドラフト一位でヤクルトに入団した。八七年には二桁勝利をマークしたが、翌年、肘《ひじ》を故障。腰痛も併発し、その後はまる四年間登板すらすることがなかった。

そんな荒木が一軍に戻ってきたのは、ヤクルトが阪神と激しい首位争いを演じていた九二年の秋だった。忘れもしない、一〇月三日。ヤクルトは中日との対決を迎えることになっていた。天王山《てんのうざん》である。

この試合に勝てば優勝をグッと引き寄せることができるが、逆に落としてしまえば、そのままズルズルと後退してしまう可能性があった。

その試合の先発に、私は一軍に帰ってきたばかりの荒木を指名した。ある意味、賭《か》けだった。心のなかで私は辞表を用意していたほどだ。なにしろ荒木はこの四年登板していないだけでなく、もはやかつての球威は失われていた。

「僕でいいんですか？」

私が先発を告げると、荒木自身が聞き返したほどだ。

結論からいえば、荒木は七回を無失点に抑え、大役を見事に果たしてくれた。この勝利でヤクルトは勢いに乗り、一四年ぶりにセ・リーグ制覇を達成した。

この大事な試合に私はなぜ荒木を先発させたのか。

荒木の闘争心に賭けたのだ。

投手には当然備えていなければならない能力がある。コントロールや駆け引きもそのひとつだが、その前に絶対に欠かせない条件がある。それが闘争心である。「打てるものなら打ってみろ」と向かっていく気持ちこそが、いちばん投手に必要なものなのだ。いくらすごいボールを持っていても、これがなければプロでは大成できない。これは長年のプロ生活で得た真実である。

たしかに荒木のボールは威力がなかった。ブルペンで投げているときには、「なんや、この球?」と思ってしまうほどだった。

しかし、彼には高校一年のときから春と夏の甲子園にすべて出場し、数々の修羅場をくぐりぬけてきたという経験があった。これはよほどの精神力と闘争心がなければできることではない。言い換えれば、大舞台になればなるほど、彼は力を発揮するタイプのピッチャーだった。

しかも、四年間地獄を見ている。悔しさを持っている。荒木の闘争心はさらに強まっているに違いない。事実、荒木の顔からはかつての甘さが消え、まったく変わっているのに気づいた人は少なくないはずだ。数字にばかり目が行っている指導者は、ここに気がつかない。

優勝争いを経験したことのない当時のヤクルトに、経験や闘争心で荒木に勝るピッチャーはいなかった。だから私はこのビッグゲームに荒木を立てたのである。

この荒木の復活でチームは団結した。あの年のヤクルトの優勝は、荒木の存在がなければ不可能だったかもしれない。ひとりの選手が再生することで、チーム全体も生まれ変わることがあるのである。

考える力を身につけた小早川

再生するためにもうひとつ備えていなければならないのが「感じる力」である。「考える力」と言い換えてもいい。

「鈍感は人間の最大の罪である」と私は思っている。いわれたことを素直にやってみる、間違いに気づいてそれを正す、どうすればもっとよくなるか考える——こうしたことができなければ、いくら私がアドバイスしても、成長することはないし、同じ過ちを繰り返すだけである。

九七年に広島カープからヤクルトにやってきた小早川毅彦《たけひこ》の復活は、この力によるところが大きかった。

ＰＬ学園、法政《ほうせい》大学を通して強打者として鳴らした小早川は、広島でも初年度からクリーンナップに座り、ずっと主軸を担ってきた。いわばエリートである。が、それだけに天性だけでプレーしてきた選手の典型といえた。それで力が衰えるに伴い、若手に取って代わられることが多くなっていた。つまり、〝もはや終わった〟と思われていた選手だったのである。

「おまえはバッターボックスに入っても何も考えていないだろう」

ヤクルトにやってきた小早川に私はいった。

「ヤクルトのベンチから見ていると、いつも〝来た球を打っている〟ようにしか見えなかった。だがな、技術力には限界があるんだよ。少しはデータを参考にして配球を考え、狙い球を絞るなど、研究してみたらどうだ？」

その年、ヤクルトは開幕戦で巨人と当たることになっていた。清原和博を獲得するなど大幅な補強を敢行した巨人に対し、ヤクルトは前年四位に沈んでいた。しかも巨人には大きく負け越していた。この開幕戦を落とせば、巨人を波に乗せるだけでなく、ヤクルトの選手を意気消沈させてしまう。

そうなれば、下馬評通り、そのままBクラスに低迷してしまうおそれがあった。しかも、開幕戦で巨人はエースの斎藤雅樹《まさき》を立ててくるのは明らかだった。斎藤には前年、カモにされている。なんとしても攻略しなければならない。

それにはサイドスローに強い左打者がカギを握る。しかし、前年までの主砲トーマス・オマリーは引退していた。小早川の役割は重要だった。

私は、小早川に対して収集したデータをもとに、斎藤の配球を徹底的に解説した。とりわけ特徴的だったのは、左バッターに対して斎藤はインコース高めに見せ球を放ってから、外角から入ってくるカーブで攻めてくるということだった。とくにワンスリーになるとカウントを稼ぐために、ほぼ一〇〇パーセントの確率で投げてきた。

「いいか、インハイに来たら、次に外からのカーブが来るという前触れだ。ワンスリーなら絶対だ。だから、外からのカーブをイメージして、踏み込んで打て！」

そういって私は小早川を送り出した。結果についてはいうまでもないだろう。小早川は斎藤から三打席連続ホームランを放った。たしか三発目は、まさしく私がいったとおりワンスリーからのカーブを狙い打ったものだった。

「監督、バッチリでした！」

ベンチへ帰ってきてそういった小早川のうれしそうな表情をいまでも憶《おぼ》えている。そして、この三連発で大勝したヤクルトはそのまま勢いに乗り、リーグ優勝、日本シリーズ制覇を果たすのである。

前年はわずか八試合しか出場していなかった小早川はその年、一一六試合に出場した。翌年かぎりで引退したとはいえ、その後解説者として、また二〇〇六年からは広島に戻り、コーチとして働いている。それにはやはり、私の教えた「考える野球」の影響は少なくないと思うのだ。

何も考えていなかった山﨑

山﨑のケースは、この小早川に似ている。自分自身でも語っているように、山﨑も何も考えていないに等しい、天性だけでやってきた選手だった。私にもそう見えた。

その証拠に、監督就任二年目のシーズンがはじまった四月の終わりごろだったと思う。ミーティングで私が話をしていると、山﨑のこんな声が聞こえてきた。

「おお、野球っていうのは、そういうふうにやるのか」

山﨑は四〇歳になろうかというベテランである。

「おまえ、何をいっているんだ。そんなこともわからないでこれまでやってきたのか?」

私が呆《あき》れて訊《き》くと、「まあ、そういうことになりますね」。

「監督の野球談義を聞いていると、野球の見方が変わる。じつにおもしろいですね、野球って……」

要するに、山﨑は考えて打席に臨むことなどほとんどなかった選手だったのだ。

とはいえ、正直いって、山﨑に関しては私がとくに何かをしたという記憶はない。少なくとも、技術的なアドバイスは何もしなかった。あれだけのベテランだし、天性は申し分なかったからだ。

ひとつだけ彼にいったのは、「考え方を変えれば、生まれ変われる」ということだった。そのうえで、「もう少し頭を使ってみたらどうだ？」とアドバイスした。

山﨑は、中日時代にはホームラン王のタイトルを獲《と》ったこともあるホームランバッターだ。キャッチャーとしての私の経験からいって、やはりホームランバッターがいちばん怖い。たった一振りで一点入るし、それでゲームの流れが変わってしまうこともある。ランナーがたまっていればなおさらである。つまり、ホームランバッターは存在するだけで相手バッテリーに恐怖と緊張を与えるわけだ。

それは打者の側からすれば〝特権〟といえる。

にもかかわらず、山﨑はその〝特権〟を行使しているふうには見えなかった。

山﨑レベルの打者に対してピッチャーはまともに勝負してはこない。ホームランが怖いから、当然外角中心の攻め方になる。

すると、どうしてもボール球が先行し、勝負球は甘くなる。来た球を何でも打とうとせず、しっかり狙い球を絞っていれば、向こうからこちらの術中にはまってくれるのだ。つまり、少しだけ頭を使って配球を読めばいい。そうすれば、ヒットになる確率は格段に上がるはずなのだ。

苦手・和田を克服した理由

おそらく山﨑は「感じる力」を持っていたのだろう。自分でもいっていたが、ミーティングなどの私の話からヒントをつかんだのだと思う。

試合中のベンチで、山﨑はいつも私の近くに座っていた。そこでは私が指示する声やつぶやき、ぼやきが聞こえてくる。山﨑はそれをおおいに参考にしたようだ。それをもとに、状況把握はもとより、相手投手の心理状態を考え、配球を読むようになったと、彼自身が語っている。

そんな取り組みが実を結んだといえるのが五月二日、ヤフードームの福岡ソフトバンク戦で和田毅《つよし》から放った二打席連続ホームランだった。

それまで山﨑は和田を苦手にしていた。左腕からキレのいいボールを放ってくるので、「バットに当たる気さえしなかった」らしい。

しかし、データを調べると、和田には「初球からストライクをとりにくる」傾向があることがわかった。山﨑に対しては外角から入ってくるスライダー系のボールでカウントを稼ぐことが多かった。そこでこうアドバイスしてみた。

「そのボールに狙いを絞ってみたらどうだ？」

あらかじめそのボールがくることがわかっていれば、狙い打ちすることは山﨑の技術をもってすればむずかしいことではない。

最初のホームランはストレートをはじき返したものだが、二本目はまさしくそのスライダーをすくいあげたホームランだった。

和田はあとで新聞記者に対してこう語ったそうだ。

「山﨑さんはこれまで外のスライダーには手を出さなかった。見逃してくれて必ずストライクが稼げるボールだったのに……」

じつは開幕当初の山﨑は調子が悪かった。「今年が最後」との気持ちが強すぎて空回りしているように見えた。そこで私は彼を呼んでいった。

「なにをあせっているんだ。まだ四月だろ。気楽に行け！」

山﨑によれば、この言葉で「いい具合に力が抜けた」そうだ。それで冷静に配球を考えられるようになった。

その結果が、二打席連続本塁打につながったのだ。

これがきっかけとなって山﨑は一気に調子を上げた。五月は打率〇・三四二、一二本塁打、二七打点をマークして月間MVPに輝いた。これは楽天の選手でははじめての快挙であり、山﨑にとっても一〇年一一ヶ月ぶりのことだったという。

冷静な読みが生んだ二本のホームラン

山﨑が五月に放った一二本塁打のなかで、もうひとつ山﨑の記憶に鮮明なのは、五月二七日、横浜ベイスターズとの交流戦で那須野巧《なすのたくみ》から打ったホームランだという。九回表二死一塁で迎えたその打席。那須野が投じた初球と二球目はいずれもストレート。山﨑はスピードについていけず、二球ともファールした。

投手というものは、同じ球種を三球つづけたくないものだ。やはり三球目は変化球でボール。その後、山﨑は苦しみながらも粘り、なんとかツースリーまでもっていった。そこで私がいったことを思い出したそうだ。

「投手にとってフォアボールは罰金ものだ。だから最後の球はストライクを狙うために加減してくる」

そして、こう読んだという。

「那須野は細かいコントロールがないから、変化球はないだろう。自分はストレートに振り遅れていたから、ストレートに違いない。でも、四球は出したくない。だからストライクを取りに来るためにスピードを加減してくるはずだ」

果たして那須野は力を抑えたストレートを放ってきた。まさしく読みどおりのボールを振りぬいた山﨑の打球は場外へと消えていった。ダイヤモンドを回りながら山﨑はあらためて思ったそうだ。

「監督のいうことはやっぱりすごいや」

八月二七日、フルキャストスタジアム（現・クリネックススタジアム）での北海道日本ハム戦でマイケルから放った第四〇号も印象的だった。

日本ハムの抑えの切り札であるマイケルの球種は、ストレートとカーブしかないといっていい。ところが、そのカーブがあまりにキレがあるのでバッターはわかっていても打ちにくいのだ。山﨑も前年まではほとんど打てなかった。

しかし、ストレートとカーブしかないということは、逆にいえばどちらかのボールを待っていれば、必ずそのボールが来るということである。

「だったら、割り切って打ってみい！」

私は山﨑にいった。ヤマを張れという意味である。かりに三振するとしても、それまでには最低でも三球ある。先ほど述べたように、ピッチャーは同じボールを三球続けたくはない。とすれば、そのうち一球はヤマをはったボールがくるはずだ。

以来、山﨑はこのことを念頭に置いてマイケルとの対戦に臨むようになった。そして、マイケルに対して五割の打率を残したのである。

考え方を変えて甦《よみがえ》った江夏

山﨑は、私のことをいわゆる〝野球バカ〟だと思っていたらしい。「野球がすべてだ」「命がけで野球をやれ」——そういう信条の持ち主だと考えていたという。もちろん、野球の話をはじめたらいつまでも話しているし、プロとはそうあるべきだと思っている。したがって、当たっていないことはないのだが、その前に「一流の社会人であること」を私は選手に求める。

「人生とは生きることが目的であり、野球はその手段」と考えているからだ。

「いかに生きるか」を考えるようになれば、当然、野球に対する取り組み方が変わってくる。ところが、過去にある程度の実績を残した選手は、往々にして自分が正しいと信じている。「このままでいい」と思っている。変わる必要性を感じていないし、変わろうという意思もない。

しかし、私がよくいうように人間の評価とは他人がどう感じるかによって決まる。他人の下した評価が正しいのだ。とすれば、一度落ちてしまった評価を覆すには、「あいつ、変わったな」と周囲に感じさせる必要がある。そのためには、それまでの考え方を変えなければならない。選手が再生できるかどうかは、この「考え方を変えられるか」ということが非常に大きな意味を持つのである。

そうやって生まれ変わった代表的な選手が、江夏豊だったといっていい。

阪神を追われるようなかたちで江夏が南海にやってきたのは一九七六年のことだった。江夏は山内や松原と違い、すでにすばらしい実績をあげている選手だったが、それだけにわがままで、南海に来ても江夏の態度は変わらなかった。

「なんでおれがこんなチームにいなきゃいけないんだ」という気持ちが伝わってきた。

これではチーム全体の士気に影響する。

「江夏を変えなければならない」と私は考えた。

江夏が変わったのは、ある出来事がきっかけだった。あるとき、「八百長をしているのではないか」と思えるようなピッチングをした。江夏はかつて野球界を騒然とさせた「黒い霧事件」と呼ばれた八百長問題が持ち上がったときに名前があがっていた。それで私は思い切って詰め寄った。

「おまえ、まさか八百長やってないだろうな！」

最初は受け流そうとしていた江夏だが、私の剣幕におののいたのか、真剣な表情になって「絶対にやってない」と抗弁した。だが、私は引き下がらなかった。

「おまえがそういうピッチングをするたびに、〝怪しい〟と思う人がいる。そういう人たちの信用を取り戻すには、言葉ではダメだ。マウンドの上で、態度で示すしかないんだぞ！」

江夏はしばらく黙っていたが、やがてこうつぶやいた。

「そんな言いにくいことをはっきりいってくれたのは、あんたがはじめてや……」

才能があまりにあるがゆえに、江夏はずっと甘やかされてきた。

お山の大将ですんできた。おそらく、江夏の周囲にはほめておだてる人間はいても、真剣に本人のことを思い、叱ってくれる人間はいなかったと思われる。

指導者の愛情とは、やさしく接することだけではない。ときには厳しく叱ったり、いいにくいことをはっきりいってやることも必要なのだ。事実、江夏は以来、私の話に耳を傾けるようになった。

ただ、当時の江夏はもはや盛りは過ぎていた。しかも、ひじに故障を抱えていた。私は彼に腕立て伏せをやらせた。当時はピッチャーにウェイトトレーニングをやらせるなどということは厳禁だった。しかし、メジャーリーグの三百勝投手、ニューヨーク・メッツのトム・シーバーがやはりひじを壊したとき、腕立て伏せで治ったという新聞記事を私は読んだことがあった。それで私もひじを痛めたとき、同じように腕立て伏せをしてみたら、痛みが消えたという経験があったのだ。

ただし、江夏にはもうひとつ持病があった。血行障害である。そのため、先発完投はおろか、五〇球も投げると握力が子どもなみになってしまった。とすれば、江夏を活かすにはリリーフしかない。

しかし江夏は聞かなかった。江夏にとって、ピッチャーとは先発完投するものだった。リリーフなんて二線級がやること。江夏には恥でしかなかった。

頑《かたく》なな江夏に私はいった。

「メジャーでは先発、中継ぎ、抑えの分業制ができている。日本もじきにそうなるはずだ」

そして、こう続けた。

「だったら、おまえが革命を起こしてみんか？」

その後の江夏の活躍は語るまでもないだろう。江夏はプロ野球選手として見事に再生したばかりでなく、日本プロ野球界にクローザーの重要性を気づかせ、根付かせた。江夏が阪神時代の考え方をあらためなかったら、そして、指導者としての私が「もはや投げられない」と見限って彼の可能性を引き出せなかったら、日本における投手の分業制の確立はずいぶんと遅くなったかもしれない。江夏はたしかに革命を起こしたのである。

チームのためにブンブン丸を封印した池山

楽天のコーチを務めている池山隆寛も、考え方を変えて大成した選手である。

私がヤクルトの監督になったころ、すでに池山はスター選手だった。ホームランを量産する豪快なバッティングは、ファンの喝采《かっさい》を浴びていた。ただ、一方で三振もまた〝量産〟してしまう脆《もろ》さがあった。

それが彼の個性であり、人気の秘密ではあった。が、それだけに「ブンブン丸」などと持ち上げられて、いい気になっている面もなきにしもあらずだった。チームよりも自分のバッティングを優先しているようにも感じられた。

池山は当時のヤクルトの「中心」である。

その彼が、そういう考えで野球をやっているようではチームの士気に影響するし、池山自身の将来にとってもマイナスになると私は思った。そこで迷った末、あえて忠告した。

「ブンブン丸と呼ばれて、おまえは気分がいいかもしれん。だが、バットを振り回して三振ばかりすれば、チームはどうなる？　おまえはヤクルトの中心選手なんだよ」

江夏同様、池山にとってもそんなことをいわれたのははじめてだったろう。むしろ、「どんどん振れ」とちやほやされることのほうが多かったに違いない。反発覚悟だったが、池山は考え方をきっぱり変え、確実性の高いバッティングを志してくれた。その結果、チーム内での信頼も増した。自他ともに認める中心選手となったのだ。

二〇〇七年のオフだったか、あるテレビ番組に池山が出演し、ノートを積み重ねて「これがいまのぼくの力になっています」と話していたのを見た。

それは、ミーティングで私が話したことを書き留めたノートだった。私は彼がそこまで真剣に話を聞いていたとは思ってもみなかったので、彼が人知れずそんな努力をしていたことを知って、とても驚いた。と同時に、だからこそ池山は大きく成長できたのだなと、あらためて思ったのである。

再生とはよく観察し、気づかせること

江夏や池山のケースが示しているように、「考え方を変える」ためには本人が「気づく」ことができるかにかかっている。

したがって、指導者は「気づかせてやること」が大切になる。再生の極意があるとすれば、それはいかに「気づかせるか」ということに尽きるのではないかと私は思っている。

山内にしろ、吉井にしろ、遠山にしろ、小早川にしろ、そして山﨑にしろ、いずれもすばらしい素質を持っていた。

ただ、その活かし方が間違っていたり、力が衰えてきたにもかかわらず以前と同じ方法で対処しようとしていたがために、結果が出なかったのである。いわば、方向違いの努力をしていたわけだ。そこにいかに気づかせるかがわれわれ指導者の役割なのである。

では、そのために必要なことは何か。

第一は、その選手をよく「観察する」ことだ。

長年プロ野球界で生きてきた私は、まだ可能性が残っているのに年齢や故障のために引退に追い込まれた選手や、指導者が長所に気づいてやれないために志半ばで野球界を去っていった選手を何人も見てきた。

そして、そのたびに残念に思うと同時に、憤りを禁じ得なかった――「どうしてこの選手のよさに気づいてやれないのか」と。

力があるのに引退せざるをえなかった選手は、指導者の怠慢の犠牲者だといっていい。そんな指導者は、失格の烙印《らくいん》を押されてかまわない。指導者の能力如何《いかん》で、その判断ひとつで、選手の人生は大きく変わってしまう可能性がある。

しかも、ほとんどの場合、マイナスの方向に変わってしまう。とすれば、指導者はとてつもない大きな責任を負っていることを認識しなければならない。

そして、選手たちの隠れた才能や長所を発見し、引き出し、チャンスを与え、それを活かす方法を教えてやらなければならない。それは指導者の使命である。

だから私は、この選手の長所はどこなのか、どこを直せば伸びていくのか、先入観や固定観念を排して徹底的に選手を観察する。

そのうえで、よいところがみつかれば、それを引き出し、活かせる場所を与えるわけだ。たとえば遠山は、先発は無理だったが、左打者相手のワンポイントで生き返ることができた。

江夏も、持病のため先発完投能力はなくなっていたが、クローザーという役割を与えられたことで、「優勝請負人」という別称までたまわることになった。

適所が飯田の才能を引き出した

適所を与えられたことで眠っていた才能が開花し、大きく運命が変わったのが、楽天でもプレーし、現在はヤクルトでコーチを務めている飯田哲也である。

飯田の存在に気づいたのは、ヤクルトの監督に就任して最初のキャンプだった。初日に私はコーチにいって、足の速い選手を集めさせた。楽天でもそうだが、弱いチームはまず機動力を活かさなくては対抗できないからだ。

そのなかに飯田がいた。ただし、キャッチャーミットを持っている。飯田はキャッチャーとして入団してきたのだ。小柄で俊敏そうなのにキャッチャーとはめずらしいので、訊いてみると、「高校時代にやれといわれたから」だという。肩が強いからというのがその理由らしい。

「もったいない」と私は思った。私の見たところ、飯田はキャッチャー向きではなかった。身体が小さいし、なにより足を活かしたほうがよさそうに見えた。キャッチャーで立ったり座ったりを繰り返していると、足が遅くなってしまうのである。

なにを隠そう、私がそうだった。これでも入団当時は俊足だったのだ。そこで、とりあえず「野手用のグラブを買ってやるから」と、野手に転向させることにした。

最初はショートをやらせてみた。だが、ショートに必要な身のこなしに不満が残った。次にやらせたセカンドは悪くはなかったが、新外国人の本職がセカンドだということがわかったので、これも頓挫《とんざ》した。

そこで外野に回したのだが、これが見事に飯田の才能を引き出した。野性的ともいえる運動能力を発揮する最適なポジションだったのだ。

足と肩もさることながら、飯田には動物的な勘があった。打球を予知する勘、それに反応する力。これらは育てようとしても育てられない。

キャッチャーを続けていたら、これらは活かされなかったはずだ。それどころか、古田の陰に隠れて出場すらかなわなかったにちがいない。外野手という適所を与えられたからこそ、その素質が花開いたのである。

シンカーで活路を見出した高津

米シカゴ・カブスとマイナー契約、解除後、現在は韓国プロ、ウリ・ヒーローズで活躍している高津臣吾《しんご》も、気づかされ、適所を与えられたことで飛躍的に伸びた選手だったといっていい。

ヤクルトのストッパーとして大活躍した高津ではあるが、亜細亜《あじあ》大学からドラフト三位で入団してきたときは、私の目には「プロでは厳しいな」と映った。

球速がそれほどないし、変化球も横の変化が中心。右打者なら通用するかもしれないが、左相手には苦労するのは明らかだったからだ。

ただし、精神的にはかなり強いものをもっているように見えた。その長所を活かし、私は高津を中継ぎとして短いイニングを任せられるようにしようと考えた。とはいえ、現状では左打者には通用しない。そこで落ちるボール、具体的にいえばシンカーをマスターさせることにした。

というのも、前年の日本シリーズで見た西武ライオンズの潮崎哲也のシンカーが強烈に印象に残っていたからだ。このシリーズで西武は巨人に四連勝したのだが、巨人のバッターは潮崎のシンカーにまったく手が出なかった。そこで、同じサイドスローの高津がシンカーを覚えれば強力な武器になると考えたのである。

高津は潮崎のビデオを見て、シンカーの習得に取り組んだ。しかし、なかなかうまくいかない。潮崎は中指と薬指でボールをはさんで抜くのだが、高津にはこれがうまくできないらしかった。高津はいった。

「人差し指と中指ではさんではダメでしょうか。こうすると、大きく落ちるのです」

ただし、この投げ方では潮崎のようなスピードは出ない。が、要は打者のタイミングを狂わせればいいのである。

「よし、それならやってみろ」

ということで高津はさらに工夫を重ね、オリジナルのシンカーをマスターした。オープン戦で試すと、見事に通用した。最初はセットアッパーとして起用した高津は、その後持ち前の気の強さを活かし、ストッパーに定着。セーブの日本記録をつくり、メジャーリーグでも活躍したのである。

もっとも大切なのは愛情

選手をよく観察するというのは、その選手をもっとよく知りたいということでもある。そして、それは言い換えれば、どれだけ愛情を持って接することができるかが重要だということだ。

「どうやって人を再生させるのですか」

よくそう訊かれる。すると、私はいつもこう答える。

「その選手に対する愛、そして情熱です」

そう、再生の根底にあるのは、愛情なのである。

二〇〇七年の日本シリーズで、中日の落合博満《ひろみつ》監督が完全試合を目前にしていた山井を交代させたことが話題となった。ここまでではないにしろ、V9巨人を率いた川上哲治《かわかみてつはる》さんも、あとひとり抑えれば勝利投手の権利を手にするような状況で先発投手を代えることがよくあったという。

勝負に徹するという意味では、正しいことなのだろう。しかし、私にはできなかった。心では代えるべきだと思っても、その選手のことを考えるとどうしても非情に徹することができなかった。その選手が下積みの末にやっとチャンスをつかんだり、真摯《しんし》に野球に取り組んでいたりするとなおさらだ。

私自身が貧乏育ちで一時は高校進学をあきらめざるをえないことがあったし、プロでも一度クビになりかけた経験があったということも影響しているかもしれない。

結果、何回も失敗した。それが監督としての私の限界だといわれればそれまでだが、ただ、それは人を育てることにおいて必要なことだと考えているのも事実なのである。なぜなら、実績の乏しい若い選手にとってなによりも自信になるのは勝ち星であり、それはスランプに陥ったり、あるいはケガから復帰したばかりだったりするベテランにしても同様だからだ。

だから私は、ピッチャーにゲキを飛ばし、なんとかがんばらせようとする。現役のころもそうだった。キャッチャーのなかには、打たれると投手の責任にするタイプもいる。「おれが要求するコースに投げなかったから打たれたのだ」というふうに。対して私は、打たれたら全部キャッチャーである私が悪いと考えた。

たとえば、バッターにはそれぞれクセや弱点があり、そのピッチャーにも長所と短所がある。それらをきちんと頭に入れ、配球を工夫していけば、打ち取ることができる。打たれたのであれば、私の工夫が足りなかったと思うようにしたわけだ。

もちろん、私がそう考えたのは、実績のない若い選手や他球団でお払い箱になった選手たちをなんとかして使っていかなければならない状況だったからであることは否定しないが、根本にはやはり、「この選手をなんとか一人前にしてやりたい」「成長してほしい」という愛情があったからだと自信を持っていえる。

第四章　弱い組織を再生させる

面接

「一度食事をしませんか」

東北楽天ゴールデンイーグルスの三木谷浩史《ひろし》オーナー（当時）から誘いがあったのは、二〇〇五年の秋、シーズンが終わろうとしていたころだった。

開幕から最下位にどっしりと座った楽天は、シーズン終盤になっても一向に浮上する気配を見せず、依然として負け続けていた。

その戦いぶりを知るにつけ、「そのうち監督をやってくれといわれるかもしれないな」と、半ば冗談ながら思っていたとはいえ、当時の私には所詮《しょせん》、ひとごとであった。

それに、まさか田尾安志監督が一年で解任されるなどとは夢にも思わなかった。

ご承知のように、一年目の楽天は三八勝九七敗一分、勝率は〇・二八一という予想を超える惨憺《さんたん》たる成績に終わるわけだが、正直、あの戦力ではいたしかたなかっただろうし、さわやかなイメージの田尾は人気も高い。かりに私にオファーがくるにせよ、まだまだ先の話だと思っていた。

そこへの三木谷オーナーからの誘いである。私は訊《たず》ねた。

「食事だけですか？」

「そうです」とオーナー。

「私は野球のことをまったくわからないから、勉強したい。ぜひ、いろいろな話を聞かせてください」

「それならいいですよ」

ということで、私は指定された店に出かけていった。

事実、そのときは食事だけだったのである。その席にはオーナーに加え、井上智治さんというオーナー代行をされておられた方もいたのだが、食事会は野球談義に終始した。私は自分の野球観や外から見た楽天の印象、球団としてのあり方、そして強化にあたって何が必要かなど、訊《き》かれるまま、思いつくまま述べたが、最後まで監督要請などという話題は一度も出なかった。

「なんのために呼ばれたのだろう」

私はいぶかしく思ったが、「ほんとうに野球の話が聞きたかったのだろう、来年の楽天の強化の参考にするのだろうな」と結論づけ、それ以上深くは考えなかった。

だが、じつはそれは〝面接〟だったのだ。

私がどういう人間なのか。いかなる野球観とビジョンを持っているのか。そして、楽天というチームを指揮するのにふさわしい資質を備えているのか。おそらくそうしたことを私の話から探り、判断しようとしたのだろう。そのための席だったのである。

そして、どうやら私は無事〝試験〟にパスしたらしかった。しばらくして井上さんから再び呼び出しがあり、そこであらためて正式に監督就任を要請されたのである。

選手の気持ちが監督から離れている

ただ、私はいった。

「田尾にもう一年やらせてみてはどうですか」

なにしろ文字どおりのゼロからスタートしたチームである。選手はいっては悪いが寄せ集めだし、一年目からすぐに結果が出るわけがない。まして田尾は監督を務めるのははじめて。手探り状態で暗中模索していたに違いなく、さまざまなプレッシャーや遠慮もあったろう。最初から結果を求めるのは酷というものだ。

この一年で彼なりになんらかの感触をつかめただろうし、真価を問うのはもう一年やらせてからでも遅くないと思ったのである。
するると、井上代行は「もちろん、そのことはわれわれも考えました」といって、こう続けた。

「田尾さんにとってもはじめての経験で、思いどおりにいかなかった部分はあったと思います。それでわれわれもいろいろ調べました。その結果わかったのは、どうやら選手たちの気持ちが監督から離れてしまっているようだということでした。田尾さんを信頼できないというのです。このままでは続投してもらっても同じことになってしまいます」

井上さんが選手に聞いたところによれば、田尾はじっとかまえていられないのだという。監督という仕事は、少しくらいうまくいかないからといって、あわててはいけない。ましてそれを態度に表してはいけない。

確固たる意志をもって、毅然《きぜん》とした態度で「おれのいうとおりにしていれば必ず勝てる」と選手にいい続け、信じ込ませることができなければいけない。でなければチームはそこから崩壊していく。

しかし、田尾にはそれができなかった。すべてがはじめての体験で、そうするだけの自信を持てなかったのだろう。私にもその気持ちはよくわかる。南海時代は私もそうだった。

せめてヘッドコーチにアドバイザー役を務められるような、経験豊富で信頼できる人間を置くことができればよいのだが、田尾にはそういう腹心もいなかったようだ。

ヤクルトと阪神で私のもとでコーチをしていた松井優典《まさのり》が楽天の二軍監督を務めていたので、その後私も彼に直接訊いてみた。

するとかれもこういった。

「まったく人のいうことを聞かないんですよ。せっかちで……」

「たとえば、どういうところだ？」

「とにかくランナーが出たら、何かやらせないと気がすまないようなんです。鈍足の山﨑がランナーであっても走らせるんですよ」

なんとかしてランナーを得点圏に進めたい、点を取りたいと焦るのだと思う。結果が出ていないから、きっかけがほしいのだ。

しかし、やみくもに走らせてみたって、うまくはいかない。監督たるもの、その場面の状況はもちろん、選手の能力や相手の傾向、心理状態などあらゆる観点からどうすべきか考え、もっとも成功する確率の高い作戦を選択しなくてはならない。それが監督の仕事なのである。

田尾にはそうした状況判断ができず、したがって状況によって適材を適所に使うこともできなかった。野球には相手がいるということを忘れ、ただ自分の思うように選手を動かしたいと考えていたようなのだ。松井のほか数人の楽天関係者に訊いてみても、答えは同じだった。

田尾監督の解任

もうひとつ、楽天球団のフロントは田尾に対して、二年目を迎えるにあたってどのようなチームをつくろうとしているのかレポートにまとめさせたそうだ。

強いチームをつくるためには、選手や現場のスタッフはもちろん、フロントも含めた球団全体で監督が目指す野球を理解しなければならない。

しかし、一年目は時間がなかったこともあって、田尾の考えがフロントまで浸透していなかったのだという。だから、あらためて田尾がどのように二年目のシーズンに臨むつもりなのか確かめたのだ。

しかし、そのレポートは期待を裏切るものだった。勝てないことに対する言い訳を並べたものとしか、フロントには映らなかったそうだ。

「戦力が足りないから」――敗因を田尾はそう結論づけたという。たしかにそのとおりだろう。

だが、そんなことは誰の目にも明らかだ。楽天球団が聞きたかったのは、「その戦力でいかに戦うのか、将来どのようにチームをつくるのか、そのためには何が足らず、何がどれだけ必要で、どのくらい時間がかかるのか」ということだったのだ。

残念ながら、田尾がまとめたレポートは、その要求に応《こた》えるものではなかったらしい。具体的なビジョンを感じとることはできなかったようなのだ。

これでは監督を続けても同じことになる――フロントはそう判断せざるをえなかった。田尾の人気をもってすれば、たとえ二年目も最下位になったとしてもファンは応援してくれるかもしれない。しかし、三年目、四年目も負け続けたらどうなるか――。

「熱心に応援してくれるファンの期待を裏切るよりは、批判は受けるかもしれないが、泣いて馬謖《ばしょく》を斬り、勇気をもってチームづくりをしてくれる人物に将来をゆだねたほうがいい」

フロントはそう決断した。田尾解任は必ずしも成績不振だけが理由ではなく、球団の将来に光が見えないことにあったのである。近い将来、強豪と呼ばれるチームとなるために、楽天には「選手を育てた経験が豊富な人物」が必要だった。それで私に白羽の矢を立てたということだった。

仙台の新しい球団という魅力

非常に光栄であり、ありがたいことだと思った。ただ、一方で私は、正直こう感ぜずにはいられなかった。

「どうしておればかりが貧乏くじをひかなきゃいけないんだ」

楽天の戦力では、仮に一年目から田尾の代わりに私が監督を引き受けていたとしても結果は大差なかったろうし、ここで引き継いだとしてもすぐに優勝争いに加わることはおろか、Ａクラスだって難しいのは明白だった。

しかも、期待が高ければ高いほど、失敗すれば容赦ない叱責《しっせき》が待っている。当時私はシダックスの監督を務めていたし、年齢も七〇になっていた。あえて火中の栗を拾う必要はないように思えた。というのも、失敗したときの苦しみを、阪神時代の三年間で私はいやというほど味わったからである。

阪神は巨人に次ぐ歴史を持つ老舗《しにせ》球団だった。その人気は関西では圧倒的で、全国的にもいまや巨人をしのぐかもしれない。

が、それゆえ選手たちはファンやマスコミから甘やかされ、たいした実力がないうちから「自分はスターだ」と勘違いしている者が多かった。

球団も、その人気に甘えて本気でチームを強くしようと思っていない。

弱くても客がくるからだ。下手に優勝しようものなら選手の給料を上げなければいけないから、「たまに優勝するくらいで充分だ」と公言してはばからなかった。

阪神には、こうした体質が七〇年の長きにわたって醸造され、染み付いていた。そして、その〝悪しき伝統〟は、私の力では壊すことができなかった。

「人間には合う球団と合わない球団があるのだなあ……」

つくづくそう感じた。だから、楽天からオファーがあったときも、なにも好き好んで貧乏くじを引く必要はないではないかとも考えたのである。

ただ、阪神と違って楽天は新しい球団だった。阪神ほどの歴史も人気もない代わりに、悪しき伝統にも染まっていない。フロントのビジョンも熱意も伝わってくる。それならば、ヤクルトのときと同じように、一からチームをつくることができるのではないか。「鉄は熱いうちに打て」との格言もある。その意味では、私に向いているチームであるように思えた。

また、楽天が仙台をホームタウンにしていることも好ましく感じた。南海時代に私は、「フランチャイズを南海電車が通っている和歌山かプロ球団のない四国に移しませんか」と直訴したことがある。当時の大阪には、南海のほかに近鉄バファローズと阪急ブレーブスと、パ・リーグだけでも三チームもあったからだ。

同じ理由で、ヤクルトのときは「北海道に行きましょうよ」と進言したこともある。

プロ野球を活性化させるには、やはり地域密着が必要不可欠なのだ。当時から私はそう思っていた。結果として、運営にあたってプロ野球を〝反面教師〟にしたJリーグがその事実を如実に証明したわけだが、当時のプロ野球のフランチャイズはあまりにも偏っていた。それを少しでも是正しなければならないと思ったのである。

その後、南海がダイエーホークスに生まれ変わって福岡に移転。東京を本拠地にしていた日本ハムファイターズが北海道に移り、いずれも熱狂的なファンに支えられている。そんな状況下にもうひとつ、仙台に新たな球団が誕生した。

フランチャイズ分散による地域密着をさらに推し進める意味でも、歓迎すべきことであり、成功させる責任がある。微力ながらその一端を担うのも、私の責務ではないかと考えているのだ。

弱いチームを強くするのが生きがい

もうひとつ私は、八九年にヤクルトから監督就任要請を受けたときのことを思い出していた。

それ以前の南海時代にも私は監督を務めた経験があったが、このときはプレーイング・マネージャー、すなわち選手兼任だった。正直いって、そのころはまだ自分のことに精一杯。監督とは何たるかをほとんど理解していなかったし、どうやってチームを強くしていけばいいのかという方法論を持っていなかった。

独自にデータを集め、分析し、活用してはいたものの、それをチームとしてどう活《い》かせばいいのかについても明確な答えはなかった。「将来は監督になるのだろうな」と漠然と思い描いていないわけでもなかったが、南海のチーム事情で予定より早くお鉢が回ってきたため、心構えもできていなかった。

だが、現役引退後、評論家として外から野球を見たことで、野球の本質とはいかなるものか、どうすれば勝てるかということが、おぼろげながらもわかってきた。

そして、自分が培ってきた経験も照らし合わせて、自分なりの野球観や哲学をテレビや新聞、講演などを通して訴えてきた。評論家生活は、気がつけば九年になっていた。

ヤクルトから打診があったのは、そんなときだった。私はパ・リーグ育ちだし、ましてヤクルトとは縁も所縁《ゆかり》もなかった。そこで私は相馬社長（当時）に訊《たず》ねてみた。

「どうして僕なんですか？」

社長は答えた。

「野村さんの解説を聴いたり、評論を読んだりして、〝ああ、野球はこうやって戦うものなのだ〟とわかった。こんな人に監督になってもらって、うちの選手たちに野球とはどのようにするものなのか教えてもらいたいと思ったのです。それでお願いしに来ました」

その言葉を聞いて私は、師と仰ぐ評論家の草柳大蔵さんからいわれたことを思い出した。現役を引退した私が、これからどうやって生きていけばいいのか思案に暮れていたころ、草柳先生は相談を持ちかけた私にこうおっしゃったのである。

「見ている人は見ているよ。仕事は絶対に手を抜いたらダメだ。全知全能を使ってベストを尽くしなさい。必ず誰かが見ているから」

だから、相馬社長の話を聞いて、「草柳先生のおっしゃったとおりだ、仕事は一所懸命やっておくものだな」と心底思った。そして、楽天から話をいただいたとき、そのことを思い出したのである。

いくら平均寿命が延びたといっても、七〇歳ともなればもはや〝過去の人〟とみなされてしまう。それが世の中というものであり、悲しいけれど現実である。

しかるに私には、私の仕事を見、評価し、求めてくれる場所があった。監督を引き受けることは、同世代の人々に勇気と希望を与えることにつながると思ったし、私をこれまで育ててくれたプロ野球に対する最後のご奉公かなとも感じた。

それに、何よりもやはり、私は弱いチームを強くすることが好きなのだ。生きがいといってもいい。現役から監督時代を通じてずっと、強いチームに勝つためにはどうすればいいのか、全身全霊を使って考え、準備し、実践してきた。そうしてきたからこそ、いまの私があるといっても過言ではない。

阪神で失敗しただけに、その汚名を返上しなければ私のプロ野球人生は終われないという気持ちもあった。

シダックスの志太《しだ》勤会長も「続けてほしいのはやまやまだけど、チャンスがあればプロでやるのが野村さんらしい」といってくれた。

ただし、楽天が一年目から結果を出すこと――最低でもAクラス――を求めているのなら、私は辞退するつもりでいた。先に述べたように、私は三年をチームづくりの目安にしている。ヤクルトからオファーを受けたとき、私は相馬社長に訊ねた。

「一年目はまず畑を耕さなければならない。二年目にいい種を蒔《ま》いて、それを育てます。花が咲くのは早くても三年後です。それくらい気長に待っていただけますか？」

すると社長は笑っていった。

「あなたには悪いけど、監督を代えたからといってうちのようなチームがすぐに優勝できるなんて思っていない。私は野球の素人だけれども、そのくらいはわかります。急がずにチームを育てて、選手を教育してやってください。好きなようにやってください」

ヤクルト球団は、必ずしも私が適任だと思っていたわけではなかったらしいが、この相馬社長の言葉に支えられ、私は結果を急がず、じっくりとチームづくりに取り組むことができた。それで三年目に優勝できたのである。

だから、楽天にも同じことを確認した。結果、相馬社長から受けたのと同じ答えが返ってきた。じっくりと強化に取り組めるという感触を得られたのである。

「わかりました。最善を尽くさせていただきます」

こうして私は、史上最高齢監督として、またもやプロ野球のグラウンドに立つことになったのだった。

第五章　私の人生もまた再生の歴史である

貧乏育ちのテスト生

これまで述べてきた、弱いチームの強化法、選手の再生法は、半世紀にも及ぶ私のプロ野球生活で気づき、感じ、体得したことが基礎になっていることはいうまでもない。

私は、たとえば長嶋のように生まれついての天才ではなかった。

それどころか、どの球団からもスカウトされなかったテスト生出身であるし、在籍したチームも人気のあるセ・リーグではなくパ・リーグの、しかも貧乏球団の南海ホークスだった。

だからこそ、私はプロ野球で生きていくにはどうしたらいいか、徹底的に考えたし、指導者になってからも、戦力で劣るチームをいかに強くしていくか、さまざまに思いをめぐらした。大げさにいえば、私の歩んできた人生そのものが、再生の歴史だったのである。

そこで、私自身がどのような道のりを経てきたのか、いかにしていまの野球観や指導法が確立されたのかについて述べてみたいと思う。

私がプロ野球選手になろうと思ったのは、「貧乏から抜け出したい、大金を稼いで家族を楽にしてやりたい」という一心からだった。

私は京都府竹野《たけの》郡網野《あみの》町（現・京丹後市《きょうたんごし》）という田舎町の生まれである。日本海に面したこの町には、とりわけ晩秋から冬にかけては凍えるような季節風が吹きつける。父は小さな食料品店を営んでいたが、私が三歳のときに中国で戦病死。

父に代わって店を切り盛りしていた母もガンに冒され、店を閉めざるをえなくなった。それで私は、三つ上の兄とともに新聞配達をして家計を助けた。夏休みにはアイスキャンディを売ったり、冬休みには近所の子どもの子守をしたりもした。

当然、次男坊の私を高校に進学させる余裕はとてもなかった。が、兄が大学進学をあきらめて就職し、仕送りしてくれたおかげで高校でも野球をできることになったのである。

プロ野球選手になる決意を固めた私だったが、田舎の弱小校ゆえ、スカウトなどくるわけがない。そこでテストを受けることにした。

私は巨人ファンだったので、巨人に入りたかった。テストを受けようと思えば、受けることも可能だった。だが、仮に入団できたにせよ、当時の巨人には藤尾茂さんという私より一つ上の甲子園のスターがいた。とてもレギュラーになれるわけがない。

そう考えた私は、レギュラー捕手が三〇代のチームを探してみた。近い将来引退するべテランがホームを守っているチームなら、私でも可能性があると思ったのである。そうしてみつかったのが南海と広島で、私はなんとか南海のテストに合格することができた。

一年でクビ宣告

飛び上がるほどうれしかった。ようやく貧乏生活から抜け出し、家族を助けるための第一歩を踏み出すことができたのである。

ところが、テストに合格した七人のうち、なんと四人がキャッチャーだった。なんのことはない。われわれは〝カベ〟要員、すなわちブルペンキャッチャーとして採用されたのだ。そのうえ、テスト生から一軍に上がった選手はひとりもいないという現実も私を落胆させた。

「辞めてやろうか」

そう思った。だが、母や兄のことを思って踏みとどまった。カベとはいえ、南海の選手である。なによりも実力が優先される世界であるし、レギュラーになれる可能性がまったくないわけではない。

「三年間やってみよう。それでダメなら田舎に帰ろう」

そう思い直して、毎日ブルペンに入った。

ところが、一年目のシーズンが終わったあと、私につきつけられたのは「クビ」の宣告だった。二軍のマネージャーはこういった。

「素質があるかないかは日頃の様子を見ていればわかる。おまえには無理だ」

私は納得できなかった。涙ながらに食い下がった。

「給料はいらないから、もう一年いさせてください。クビになったら南海電車に飛び込んで自殺します」

「そんなこといった奴ははじめてだ」

あきれたマネージャーは、さらにこういって説得しようとした。

「ほかの道で生きるには、早いほうがいい。若いうちならやり直せるのだから」

それでも私はきかなかった。

「僕は母親を楽にしてやるためにプロの世界に入ったんです。母親を悲しませるわけにはいかないんです」

この言葉が効いたのだろう、なんとかクビだけは免れた。

だが、来年また同じ状況にならない保証はない。そうならないためには一軍に上がるしかない。どうすれば一軍に上がることができるか。私は真剣に考えた。いま振り返れば、私の野球観が形成されるきっかけとなったのはこのときだったかもしれない。

一軍昇格

「ブルペン捕手が頭角を現すためには、人と同じことをしているだけではダメだ。人よりもっと練習しなければならない」

私はそう思った。当時の南海のキャッチャーは松井淳《じゅん》さんだった。松井さんはバッティングに難があった。だから、追い抜くにはまずバッティングだと思い、練習が終わってから毎日素振りを続けた。

砂を詰めた醬油《しょうゆ》の一升瓶をダンベル代わりに持ち上げたり、テニスボールを握ったりして手首や握力、腕力を鍛え、筋力トレーニングにも積極的に取り組んだ。というのも、私にはパワーが不足していると感じたからだ。

ちょうどそのころ、ニューヨーク・ヤンキースが来日し、日本チームを蹴散《けち》らしたのだが、何よりも私を驚かせたのが現役メジャーリーガーたちのパワーだった。少しでも彼らに近づきたいと、私はパワーアップを心がけたのである。

その甲斐《かい》あって、「おまえのバッティングには見るべきものがある」と認められるようになった。ところが、そのせいでファーストを守らされることになってしまった。当時の南海のファーストは飯田徳治《とくじ》さん。すなわち四番バッターである。ファーストなんかにコンバートされたら、ますますレギュラーが遠くなってしまう。

「まいったなあ」と思ったが、試合に出られないよりはいい。そう自分に言い聞かせて、私は一塁手としてウエスタン・リーグの全試合に出場した。そして、三割をマークした。

「もう一度キャッチャーに戻してください」

シーズンが終わると、私は二軍監督に懇願した。返ってきた答えは「おまえは肩が弱いから無理だ」。

「まあ、見ていてください」

内心ニヤリとしながら私は、実際にボールを投げてみた。ボールは矢のようにセカンドベースに飛んでいった。

「おまえ、どうしたんや！」

監督は驚いていた。じつは肩を強くするため、毎日暗くなるまで遠投を続けていたのである。先の筋力トレーニングの効果もあったに違いない。同時に、秋季キャンプあたりから打球もおもしろいように遠くに飛ぶようになっていった。そして翌年の春、ようやくキャッチャーとして一軍からお呼びがかかったのである。

その年の春季キャンプはハワイで行われることになっていた。このキャンプに三年目の私が呼ばれたのだ。

もっとも、役割はブルペン捕手。ところが、松井さんは肩をいためており、控えのキャッチャーたちも遊び呆《ほう》けて鶴岡監督の逆鱗《げきりん》に触れた。というのも、このキャンプは前年の優勝のいわばご褒美であり、選手たちはなかば観光気分だったのである。

そこで私にハワイチームとの親善試合の出場が回ってきたというわけだ。結果、一〇試合に出て、打率三割以上をマークした。

キャンプを総括して監督はこういった。

「キャンプは失敗だったが、ひとつ収穫があった。それは野村に使えるメドがたったことだ」

こうして私はついに一軍に上がったのだった。

一流の壁

開幕を一軍で迎えた私だが、なかなか結果が出ず、五月末には二軍に落とされてしまった。ところが、監督が「これからはパワーの時代だ」といってチームの大型化を打ち出したことで、当時としては比較的大柄だった私は再び一軍に戻された。

一度一軍の雰囲気を経験したからか、今度はヒットが出るようになり、翌五七年からレギュラーに定着。その年、三〇本塁打を放ち、ホームラン王を獲得した。山内《やまうち》和弘（一弘）さんや中西太《ふとし》さんをおしのけてのタイトルだったから、非常にうれしかったし、「これでプロでやっていける」と自信もついた。

ところが、好事魔多し。給料も上がり、ようやく母と兄に恩返しができると思った矢先、スランプに陥ってしまった。急に打てなくなってしまったのだ。いや、スランプとは何年にもわたって実績を残した選手になってはじめていえるものだから、私の場合はスランプではない。たんに一流の壁にぶちあたったのである。打率は二割五分程度で低迷し、ホームランも半減した。そのうえ、三振を一〇〇個近く喫してしまった。

原因はカーブが打てないことにあった。

相手バッテリーも私を警戒するようになり、工夫して攻めてくるようになった。どうしてもカーブにタイミングが合わなかったのである。

打てないのは自分が未熟だからと私は考えた。だから、もっと練習するしかないと思った。毎日バットを振った。手は肉刺《まめ》だらけになった。それでも成績は上がらなかった。当時は監督のほかにはヘッドコーチがいるだけでバッティングコーチなどいなかったから、自分で解決するしかなかった。オールスターのときにほかのチームの選手にも訊《き》いてみたが、確たる答えはみつからなかった。

再び私は考えた。考えて考え抜いたが、特効策はみつからなかった。ただ、ひとつだけわかったことがあった。それは「自分は不器用なのだ」ということだった。

たとえばストレートを待っていたところにストレートがくれば打つことができる。カーブがきても、カーブを待っていたときには対応できる。

ところが、ストレート狙いのときにカーブが来たり、逆にカーブを待っているのにストレートが来ると、もうお手上げだった。つまり、長嶋やイチローのように、来た球にとっさに対応できないのである。相手バッテリーも、最初のころのようにかんたんには勝負にこなくなったのだ。

しかし、来た球に対応する能力はいわば天性であるから、練習でどうにかなるものではない。そこで私はまたまた考えた。不器用な自分が、二割五分しか打てない自分が、どうすれば三割打てるようになるのか。どうすれば残り五分を埋められるのか……。

データとクセの研究で打撃に開眼

出てきた結論は「頭を使うこと」だった。私は読みがはずれたらどうすることもできないが、狙い球が来たときは打てる。たとえ苦手のカーブであっても、あらかじめカーブがくるとわかっていれば打てるのだ。ならば、頭を使って読みの精度を上げればいい。つまり、相手バッテリーの配球をできるだけ正確に読むことができれば、それだけ打率は上がるに違いないと考えたのである。

もちろん、それまでも自分なりに配球を予想し、ヤマを張ることはあった。それでもうまくいかなかった。

では、より正確に読むために必要なものは何か。

いうまでもない。データである。ピッチャーの配球にはなんらかの傾向があるはずだ。それがわかれば、読みが当たる確率は格段に上がる。そう思い至ったのである。

私は南海のスコアラーに相手チームの配球を記録してもらえるよう頼み、毎日自分でカウント別に記入していった。すると、「この状況ならこういうボールを投げる」というそれなりの傾向が浮かび上がってきた。

たとえば、得点圏にランナーがいるケースで〇―二のようなバッターに有利なカウントになると、バッテリーはスライダーを投げてくることがほとんどで、ストレートは来ない。有利なカウントではバッターはふつう、ストレートを待っているからだ。

ところが、同じカウントでもランナーがいないと逆にストレートが多かった。ランナーなしならピッチャーはワインドアップで投げられるので、ストレートに威力が増すのである。

こうしてランナーの状況やカウントごとに細かく見ていくと、どんな投手もカウントの稼ぎ方や三振の取り方、内野ゴロを打たせる場合の組み立てなどに配球のパターンがあることがわかってきた。これだけでもかなり狙い球を絞りやすくなった。

同時に私は、相手投手のクセを探ることにした。

これはメジャーリーグ最後の四割打者として知られるテッド・ウイリアムズが著した本を読んで取り入れるようにしたのだが、そこには「ピッチャーが振りかぶるときには何を投げるか一〇〇パーセント決めている。それは小さな変化になって現れる」とあった。つまり、投球の際のしぐさやクセで、投げるボールがわかるというのである。ウイリアムズによれば「八割はわかった」そうだ。

さっそく次の日にブルペンで味方投手の球を受けながら注意ぶかく観察していると、たしかにストレートを投げるときと変化球を投げるときは、球の握り方やフォームに微妙な違いがあることに気がついた。

なにしろ、当時のフィルムを見てもらえばわかるだろうが、当時のピッチャーはグラブで握りを隠すなんてことはほとんどしなかったのだ。

たとえば、ボールの白い部分が多く見えたときはほぼ間違いなく変化球がくる。ボールを変化させるためにボール中央からずれたところを握るからだ。逆にいえば、白い部分が小さく見えたときはストレートだということになる。

また、ストレートを投げるときはスピードを乗せるためにフォームの反動が大きくなるし、変化球の場合はサインを確認してからスッと投げる投手が多い。

そして、変化球のなかでもフォークボールを投げようとするとグラブのなかでボールを人差し指と中指ではさむ動作が加わるため、グラブの幅が通常より広がることが多かった。

こうして細かく見ていくと、ほとんどのピッチャーの球種が予測できた。当時、そんな作業を日常的に行っている選手は、おそらくほとんどいなかったと思う。バッティングに頭を使うことを取り入れて以来、私はつねに三割前後の打率をキープできるようになり、ホームランも増えた。

ただ、どうしてもクセを見抜けない投手がひとりだけいた。二〇〇七年に亡くなった稲尾和久である。

私のレベルを上げてくれた稲尾

稲尾は、決して豪速球で勝負するタイプのピッチャーではなかった。だが、ボールのキレと伸びがすばらしく、とくにスライダーが抜群だった。が、それ以上に見事だったのが、コントロールと駆け引きの絶妙さだった。

彼は審判を味方にした唯一のピッチャーだったといっていい。たとえば、私が原点と呼んでいる外角低めいっぱいのストレートを審判がストライクとコールしたとする。すると次は「これはどうだ？　これならどうだ？」というふうに、ボール一個分ずつ外にはずしていく。

審判は「稲尾はコントロールがいい」という先入観があるし、しかもキレと伸びがいいから、つられてストライクといってしまう。そうやってストライクゾーンを広げていくわけだ。

　そのうえ、彼はバッターの狙いを見抜く目に非常に長《た》けていた。インコースを投げると決めていても、バッターのちょっとした動きで「インコースを狙っているな」とわかると、リリースの際の一瞬で大きく外にはずしたりした。そういう芸当のできるピッチャーだった。しかも、どんな球種を投げるときもフォームが変わらなかった。これでは打てるわけがない。

　しかし、稲尾を攻略しなければ、南海が優勝することは不可能だといっても過言ではない。鶴岡監督にもよく嫌味をいわれた——「おまえは二流のピッチャーはよく打つけど、一流は打てんのう」。それだけに中心打者である私の責任は大きかった。

「なんとかしなければいけない」

　そう思った私は、友人に頼んでネット裏から稲尾の投球フォームを一六ミリフィルムで撮影してもらった。それを繰り返し見た結果、球種はわからなかったが、インコースに投げるときだけクセがあるのを発見することができた。

　カギは、先ほど述べたボールの白い部分にあった。稲尾の場合、球種までは特定できなかったが、白い部分がまったく見えないときは内角には投げてこなかった。逆に少しでも白が見えると、ほぼ一〇〇パーセントの確率で内角を攻めてきた。

ということは、内角にこないときはストレートかスライダー、内角にくる場合はシュートを待てばいいことになる。

それからというもの、稲尾との対戦成績ははるかに向上した。

ところが、オールスターのときに杉浦忠がその秘密を稲尾にばらしてしまった。そのため、その後の対戦では稲尾はクセを修正してしまった。

そのときは杉浦のことをうらんだ。「余計なことをしやがって」と思った。だが、振り返ればかえってよかったのだといまでは思っている。相手が対抗手段を講じてくれば、こちらはさらなる対抗策を考えればいい。それがおたがいの成長を促すことになる。知力と知力の戦いという、私の目指す野球がそこにはあった。おたがいが相手を倒すために全知全能を尽くす。それがほんとうのプロの野球というものなのだ。

稲尾とはオールスターでよくバッテリーを組んだ。

けれども、相手のバッターのことはほとんど憶《おぼ》えていない。というのは、私の意識がセ・リーグのバッターよりも稲尾のピッチングに向けられていたからだ。稲尾も同様だったと思う。

オールスターというお祭りの舞台を通して、稲尾と私はたがいに手の内を隠したり、微妙にさらしたりしながら、あるいは裏をかきあいながら、化かしあいながら、おたがいの腹を探り合っていた。それはまさしく真剣勝負だった。稲尾がいたからこそ、私の技術力や思考力は磨かれた。

だからこそ私は八年連続ホームラン王を獲得できたし、三冠王を達成することができたといっても過言ではない。

一流は一流を育てるという。その意味では、稲尾は私の恩人であるし、稲尾も私のことをそう感じていてくれたのではないかと思っている。ひとつだけ残念なのは、彼がいかにしてあのすばらしい投球術を学んだのか聞けずに終わってしまったことだ。おそらく、私と同じように独学ではなかったかと思う。

私がなんとかして一流のバッターになろうと思って自分自身で懸命に考え、それなりの打撃術をつかんだように、彼も自分が思い描いた理想のピッチャーに少しでも近づきたいと思いながら、独自の努力を続けていったのではないかと……。

稲尾のなかに私は、自分と共通するものを見ていたのかもしれない。

バッター攻略でもデータを活用

もちろん、こうして会得した駆け引き術やデータ活用法は、キャッチャーマスクをかぶっているときにもおおいに利用した。

私はストライクゾーンを中心に九マスのボックスを描き（うちストライクゾーンは五マス）、それぞれのバッターについてヒットにしたボール、打ち損じたボールをマーキングしてみた。

すると、それぞれのバッターの得意なコース、苦手なコースがわかると同時に、どのバッターにも共通する特徴があるという事実が浮かび上がってきたのである。

右バッターも左バッターも、ストライクゾーンよりボールひとつ上の真ん中から内角にかけては「ストレートの空振りゾーン」だった。また、ストライクゾーンから内角にボールひとつはずれたところは「ファールでカウントを稼げるゾーン」。そして、ストライクゾーン下限の上下ボールひとつぶんの内角と外角は、「変化球でゴロを打たせるゾーン」といえた。

なかでも私がピッチングの生命線と呼ぶ「外角低め」は、万人に共通する苦手ゾーンであり、とくにワンストライク・ワンボールからここにシンカーやスライダーを落とせば、いかなる強打者といえどもひっかけてゴロになることがわかった。イチロー攻略法がこれだった。こうしたことを考慮しながら私は配球を組み立てていったわけである。

加えて、マスクをかぶったときは、〝ささやき戦術〟も多用した。

これは要するに、バッターの集中力や積極性を乱そうとしたもので、たとえば、タイミングが合った空振りやホームラン級のファールのあと、私はピッチャーに向かって「おい、タイミングが合ってるぞ」と声をかける。

するとバッターは「次は同じ球はこないな」と思い、別の球に狙いを絞る。そうなったらしめたもの。前の球と同じ球を投げ込めば、バッターは手が出ない。

ピッチャーには事前に「おれのいうことは一切無視して、サインだけを見て投げろ」といいくるめておいたうえで、あえて「ボールから入れ」とか「ひとつはずせ」と言葉に出していうことで、バッターを混乱させたりすることもあった。

よく知られているように、バッターの私生活の秘密をささやいたりして、集中力を乱れさせる手も使った。そのために、私は酒は飲めないのだが、わざわざ銀座や大阪の北新地《きたしんち》などのクラブに出かけていって、ホステスからさまざまなバッターの情報を収集することもたびたびだった。

話がそれたが、要するに私がいいたいのは、たとえ不器用な選手であっても、頭を使えば一流のピッチャーにも充分に対抗できるということに気がついたということだ。

「野球は頭のスポーツである」――この信念が私のなかで徐々に像を結びはじめたのだった。

考える野球の真髄

ただ、当時の私は、頭を使うことの意義と必要性、そしてそこから得たものを個人で活《い》かす方法についてはそれなりにわかっていたつもりだが、チームとして、組織としてどのように活用すればいいのか正確には理解できていなかったように思う。

すでに巨人は〝ドジャースの戦法〟を取り入れ、近代的な組織的な野球を展開しはじめていた。

しかるに南海は、まだまだ〝ただ打つだけ、ただ投げるだけ〟の野球から脱していなかった。「これではいけない」と思いながらも、一選手の私にはどうすればいいのかはっきりとはわかっていなかったのである。

ところが、一九七〇年に突然、私は選手兼任監督を拝命することになった。しかも前年の南海は最下位に沈んでいた。どのようにチームを強化すればいいのか。思案した私は、ひとりの元メジャーリーガーを思い出した。ブレイザーことドン・ブラッシンゲームである。

六七年に南海にやってきたブレイザーは、あらゆる場面で「フォア・ザ・チーム」の精神を身をもって示した。「打撃にしても守備にしても、いついかなるときも次のプレーを予測して対応できるように備えておく」「走塁ではつねに全力疾走を心がける」「守備においては打者の傾向や投手の投げる球種とコースを考慮してポジショニングをとる」……。

一緒に食事をしたり、彼の家におしかけたりしてさまざまな話を聞きだした私は、「野球とはこうやってやるものなのか」と目を見開かせられる思いがしたものだ。

当時の日本でそこまで考えながら野球をやっていたチームや選手はほとんどいなかったはずだ。それで監督になったとき、ブレイザーをヘッドコーチとして迎え入れることにしたのである。

南海の選手を前に開口一番、ブレイザーはこういった。

「野球は頭のスポーツである」

キャンプではブレイザーを講師に、毎日ミーティングを行った。「バントのときはサードとファーストの守備能力を考慮してどちらに転がすか判断せよ」「ヒットエンドランのサインが出たら、一塁ランナーはスタートを切るふりをしてセカンドとショートのどちらがベースカバーに入るか確かめよ。打者はそれを見てベースカバーに入るほうにゴロを打て」「犠牲フライを狙うときは、肩の弱い外野手のところに上げよ」……。

あたりまえのことと思われるだろうが、当時の日本のプロ野球はこんなことすら意識していなかったのである。

三年後、南海はリーグ優勝することができたのだが、これにはブレイザーが「シンキング・ベースボール」を植え付けたことが多分に影響したと私は思っている。同時に、「こうやってチームとしても頭を使えば、たとえ戦力は劣っていても充分に戦える」という確信が生まれた。監督としての私のチーム強化方針の土台が築かれたのである。

三悪人との出会い

南海の監督時代には、選手の指導法における私のベースを築いてくれた出会いもあった。私が愛情を込めて「三悪人」と呼んでいる、江夏豊、江本孟紀、門田《かどた》博光《ひろみつ》との出会いである。この三人ほど、能力が高く、それゆえに個性的であり、またチームの足を引っ張る選手もいなかった。私はそうした選手といかに接すればいいか、この三人から学んだといっていい。

このうち江夏についてはすでに述べた。ここでは江本と門田のことを述べることにする。

江本は東映フライヤーズで埋もれていたところを私が希望して南海に移籍させた投手だった。にもかかわらず、江夏に劣らぬわがまま。しかもひねくれていて、私が右を向けば左を向くような選手だった。南海で才能が開花してからは、それにいっそう拍車がかかった。髪を伸ばし、ひげもたくわえた。

ファンのなかにはそれを不潔と感じる人も少なくなかった。そこで「髪を切れ」と命じたのだが、素直に聞くような男ではない。

「野球と髪は関係ない」と切ろうとしなかった。私は草柳先生に「長髪の元祖はレオナルド・ダ・ビンチであり、ダ・ビンチは女性の心理研究のために髪を伸ばしたのだ」ということを聞き、さっそく江本にそういってやった。すると渋々ながらも髪を切ってきた。

そんな江本を見ていると、野球選手といえども、人間としてのあり方がいかに大切かを痛感させられた。私が人間教育に力を入れるようになったのは、江本がきっかけなのである。

一方の門田も、ひねくれているということにかけては江本にひけをとらなかった。だが、彼の努力する姿、技術向上に対する取り組み方にはすばらしいものがあった。だからこそ小さな身体でホームランを量産することができたわけだが、それだけにチームのことはこれっぽっちも考えていなかった。

門田は「どんな状況でもつねにホームランを狙う」と公言してはばからなかった。「ホームランの打ち損じがヒットになる」と考えていた。私はその考えは間違っていると思った。「ヒットの延長がホームランになる」と私は考えていた。そこで門田の考えをただすと、門田はいった。

「監督だって、いつもホームランを狙っているでしょう」

「そんなことはない」といくらいってもきかない。そこで巨人とのオープン戦のとき、王を呼んで三人で話をした。

「ワンちゃん、いつもホームランなんて狙ってないよな」

「もちろんですよ。ノムさんはそうなの？」

「いや、狙っていない。でも、こいつが嘘だといって信じないんだよ」

それを聞いた王が門田にいった。

「打席では自分の能力を出し切ることがすべてだよ。結果は神に委《ゆだ》ねるのみ。バッティングとはそういうものなんだ」

世界の王がそういっても門田は信じなかった。「王さんと口裏を合わせているでしょう」と疑う始末。そのときわかったのは、「要するにこいつにはこちらが希望することを逆にいえばいいのだな」ということだった。振り回すなというから振り回す。ならば、「どんどん振り回せ」といってやる。すると天の邪鬼《じゃく》の門田は、確実性を発揮したりするのだった。

のちに池山隆寛や広沢克己（広澤克実）、石井一久、新庄剛志《しんじょうつよし》、さらには山﨑といった、ひとクセもふたクセもある選手をなんとか使いこなせたのも、この三人によって味わわされた苦労の経験が大きいと私は思っている。

野村スコープ誕生

こうして苦労しながらも南海では八年間監督を続けたが、「監督・捕手・四番」をいちどきに担う責任はやはり重かった。私自身、現役でまだまだバリバリやれると思っていたから、正直、選手としての意識のほうが強かった気がする。事実、その後は一度も優勝できなかった。そして、前妻との離婚訴訟中にいまの妻と生活をはじめたことがマスコミに叩《たた》かれ、七七年に南海の監督を解任されてしまった。

当時四二歳。これを機に引退してもおかしくない年齢である。

周囲は「これ以上やっても栄光に傷がつくだけだ」と引退を勧めた。私自身も非常に迷った。が、野球しか能がない男である。正直、まだやれるという気持ちがあった。そこで師と仰ぐ評論家の草柳大蔵氏に相談した。

「私自身はボロボロになるまで現役を続けたい気持ちがあります」

すると先生はこうおっしゃった。

「おおいにやるべきです。禅に〝生涯一書生〟という言葉がある。人間は生涯勉強です」

じつは私が座右の銘とした「生涯一捕手」は、この会話から生まれたものだった。

幸い、ロッテオリオンズに声をかけてもらい、その後西武ライオンズに移って現役を続けたのだが、残念ながら八〇年のシーズンを最後に、引退を余儀なくされた。

現役を退いた私は、解説者として第二の人生を歩むことになった。

当時のテレビ解説や評論は、かつての名選手がはっきりいえば結果論だけでこなしていたに過ぎないと私には思えた。

そこで私は、「誰にも負けない解説をしてやろう」と決心した。考えた末、私は思い当たった。

「キャッチャーから見た打者の攻略法を交えて解説したらおもしろいのではないか」

私がキャッチャーだったら「この打者に対してはこう攻める」ということを、打者やバッテリーのデータや状況、心理状態を解説しながら紹介していくのはどうかと考えたのである。

そして、そのためにテレビ局の協力を得て考え出されたのが、ストライクゾーンを九つに分割した枠を画面に映し出して配球を示す「野村スコープ」だった。

野村スコープの原点は、いうまでもなく打率を五分上乗せするためにバッテリーの傾向を調べたり、クセを探ったりした自分の現役時代の経験にあった。プレーイングマネージャーになってからも私は、相手のピッチャーがどんなボールを投げたか球種とコースをスコアラーから教えてもらい、自分でボールカウントにあてはめながら分析していた。

解説者になって以降も、こうした作業を続けていた。

すると、七割以上、場合によっては九割の確率で次のボールを予測できるのに気がついた。私は、あらためてデータの重要性を認識させられた。その意味でも、解説者を務めた経験は、監督としての私にもおおいに役立つことになった。

指導者は言葉を獲得しなければならない

また、さまざまな本を読むようになったのもこのころだった。きっかけは草柳先生に「本を読みなさい」と忠告されたことだったが、以来、歴史書をはじめとして、政治経済、科学、国際情勢、文学まであらゆる本を読んだ。とくに中国の古典には考えさせられることが多かった。

現役を引退してからというもの、私は言葉の大切さを痛感させられた。解説や評論、あるいは講演は、まさしく言葉をもって人々をひきつけなくてはならないし、現役時代は後輩に手本を示す際でも身体をもって示せばよかったが、指導者になってからはそうはいかない。選手を納得させるには、やはり言葉が大切なのである。

現役時代に名選手であればあるほど、言葉を無視しがちだ。自分自身が感覚で理解し、できてしまったからである。だが、そうしたものは一般の選手には伝わりにくい。きちんと理屈や理論を言葉で示してやらなければ、理解してもらえないのだ。

私の言葉にいささかでも説得力があるとすれば、それはこのときの読書経験の影響が非常に大きい。選手時代からもっと読んでおけばよかったと後悔することもしばしばなので、選手たちにも読書を奨励している。

「引退後の生活は長い。そこでは人間としていかに生きるかが問われる。野球バカで終わらないためにも本を読め」といって……。

結局、評論家生活は九年目で終わった。ヤクルトの監督として迎えられたからだ。

私を突き動かした巨人への対抗心

ヤクルトの監督となった私は、現役時代、解説者時代に考えていた指導法を実践し、組織の中の個人としてのあり方、野球の本質を理解した戦い方を選手たちに叩き込んだ。

そのモデルとなったのは、川上哲治監督に率いられ、空前絶後の九連覇を成し遂げたころの巨人だった。

すなわち、王と長嶋という文字通りの中心選手を軸に、その周りをチームのために自分の職務を忠実にまっとうする選手を配する適材適所のチームを構成する一方、ドジャースの戦法をはじめとする最新の戦い方を取り入れながら自分のものとして消化し、理をもって戦うことを目指した、あの偉大なる巨人軍である。

現役時代の私は、何度挑んでも川上巨人に撥《は》ね返された。だから、監督になってからは絶対に勝ってやると心に強く誓った。

すでに巨人には、かつての伝統や威厳は失われつつあったが、だからこそ、そんな巨人に負けてたまるかと激しい闘志を燃やした。

しかも、巨人の監督は長嶋だった。「ひまわりと月見草」と私がたとえたように、すべてにおいて私と正反対の人間である。絶対に負けたくなかった。その気持ちが私のエネルギーになった。

長嶋が率いた巨人は、毎年のように大型補強を繰り返していた。選手は育てられないし、采配《さいはい》も勘とひらめきで行っているとしか私には見えなかった。

それならば、こちらは理をもって戦ってやろうじゃないか。カンピューターといわれた長嶋野球と、ＩＤと呼ばれた私の野球。どちらが強いか勝負してやる——そんな気持ちで向かっていったものだ。

それが、九年間監督を務めたヤクルトで四度のリーグ優勝、うち三度の日本一を達成するモチベーションとなった。

その後も私は、阪神、シダックス、楽天と、絶え間なく監督という仕事を続けている。

いまだ迎えられる場所があるのも、これまで述べてきたように、たとえ何度撥ね返されてもあきらめず、能力のすべてを尽くして挑戦してきたからだと思っている。

あとがき

三年前の秋、私のもとに楽天の関係者から監督就任要請があった。その時は非常に光栄なことであり、ありがたいと感じる一方でしかし、私には「どうしておればかり貧乏くじを引かなければならないんだ」との思いも、正直あった。

あの楽天の戦力では、これまでのチーム以上に苦労するのは目に見えているし、期待が高ければ高いほど、失敗したときのバッシングもすさまじい。阪神時代の三年間で私はそれをいやというほど味わっていた。

なにも齢《よわい》七〇にもなって、あえて火中の栗を拾う必要はないだろうと思ったのである。

だが、私はもう一度考えてみた。

「七〇歳になって働き口があるのはすばらしいことなのではないか……」

世の中には働きたくても働けない七〇歳がいる。というより、ほとんどの人がそうだろう。年齢という壁だけで、それまでの人生で培った経験や知識を活《い》かしたくても活かせない、若い人々に伝えたくても伝えられない人がどれほど多いことか。

にもかかわらず、私には望まれて行く場所がある。これは感謝すべきなのではないか。七〇歳になっても、まだまだ現役で仕事ができるということを私が身をもって示すことができれば、同世代の人たちにとっての励ましになるだろうし、そうすることは半世紀の長きにわたって私を育ててくれたプロ野球界への最後の恩返しになるかもしれない。

それに、人間は「挑戦」、挑む気持ちを忘れたら終わりだ。私はそんなことを考えた。

だが、そうしたこと以上に私を突き動かしたのは、「やはり私は弱いチームを強くすることが好きなのだ」ということだった。

どうすれば弱者を強者に生まれ変わらせられるか。全知全能を使って考え、準備し、実践する。これは私の生きがいだといってもいい。

もはや迷いはなかった。「お引き受けします」私はそう返事をした。

それから早くも二年が過ぎ、いま私は契約最終年となる三年目のシーズンを戦っている。チームを預かる際、私は三年をひとつの目安にしている。すなわち、「一年目は畑を耕し、二年目に種を蒔いて育て、三年目に花を咲かせる」わけだ。つまり、今年二〇〇八年は花を咲かせるとき、まさに勝負の年である。

ヤクルトでは一年目は五位、二年目に三位、そして三年目にリーグ優勝した。阪神では三年連続最下位に終わり、楽天の一年目も最下位から脱出できなかったが、二年目は四位に浮上し、ヤクルトと同じような軌跡を描いている。

実際、私の感触では最低でもAクラスは充分可能だと思っているし、それだけの手応《てごた》えがある。なぜなら、私の目指す野球、弱者としての戦い方が、ようやくチームに浸透してきたと感じられるからだ。

人望がないからなのか、これまで一度も選手たちから「監督を胴上げしたい」といわれたことがない。阪神時代はもちろん、ヤクルトのときでさえ、少なくとも私は選手がそう話すのを聞いたことがなかった。

王が病気のため休養を余儀なくされたときだったか、松中信彦や小久保裕紀らソフトバンクの選手が「優勝して王監督を胴上げしたい」と話しているのを何度か見た。そのたびに「王は幸せだなあ」と、うらやましく思ったものだ。

が、山﨑が著書のなかでこう書いているのを知った。

「これまで多くの監督の下でプレーしてきましたが、『どうしても胴上げをしてみたい』と思ったのは、野村監督が最初で最後です。人情味に厚く、勝敗だけでなく、『いかに選手を育てるか』にまで心を砕く監督なんていません。なんとか頑張ってAクラスに入り、最後には優勝して野村監督を胴上げしたい」

人にほめられるのに慣れていないので、非常に照れくさかったが、私はとてもうれしかった。田中も二〇〇八年のシーズン前にテレビのインタビューで「今年は優勝を目指します。監督を胴上げしたい。そのために僕ができることを最大限やりたい」と語っていた。

キャンプインにあたってのあいさつで私は、「今年は優勝したい」と思わず口走った。自分でも不思議だった。なぜなら、これまで長いこと監督をやってきて、「優勝」という言葉を口にしたことは一度もなかったからだ。ヤクルト時代でさえ、そうだった。にもかかわらず、なぜ「優勝」の二文字が口から出たのか。

ひとつは、「今年が最後」という私の決意。そしてもうひとつはやはり、私のなかに手応えがあったからだろう。

優勝するために何よりも必要なのは、やはり投手力である。二〇〇七年のシーズン、楽天の防御率はリーグ最下位だった。

にもかかわらず、四位につけた。ということは、投手陣がもう少しなんとかなれば、少なくともAクラス以上を狙えることになる。

そのカギとなるのは、この二年間、満足に投げられなかった岩隈であることはいうまでもない。田中は間違いなく前年以上の活躍をする。

したがって、岩隈の右腕に今季の楽天がかかっているといっても過言ではない。

私は開幕投手に岩隈を指名した。残念ながら、ドミンゴが打たれて逆転負けを喫したが、岩隈は見事なピッチングを見せ、二度目の登板となったオリックス戦で四年ぶりの完封勝利をあげた。田中はもちろん、永井も成長を見せているし、抑えの福盛は海を渡ったものの、昨年後半から擡頭《たいとう》してきた小山伸一郎《こやましんいちろう》が穴を埋めてくれるだろうし、故障で出遅れたルーキーの長谷部康平も戻ってくる。

四連敗と最悪のスタートとなった今季だが、山﨑が選手たちを集めてこういった。

「まだ四敗じゃないか。あわてる必要はない。内容はいいのだから、自信をもってやろう。第一、球団一年目にはこういう悔しさも手ごたえもなかったじゃないか！」

事実、五戦目のオリックス戦に永井の好投と打線の爆発で初勝利をあげると、そのまま七連勝を飾り、序盤とはいえ球団初の首位にも立った。課題だった先発投手陣が安定、三年目の青山浩二《こうじ》をドミンゴに代わってリリーフに起用したことで、勝ちパターンを確立できた。山﨑やフェルナンデスをはじめ、打線は今季も悪くない。

もちろん、シーズンは長いからこれから何度となく苦境に陥るに違いない。

けれども、この二年間で少しずつ具体的な成果となってあらわれはじめた無形の力をもって戦えば、必ずやライバルチームに伍《ご》していけると私は信じている。

最悪でも三位までに入れば、クライマックスシリーズに出場できる。とすれば、日本一は決して夢ではない。

「まだまだやな……」

そうぼやきながらも、ほんとうに胴上げされる日の光景を心のどこかに描きつつ、今日も私はグラウンドに立っているはずである。

野村克也（のむら・かつや）

1935年、京都府生まれ。54年、京都府立峰山高校卒業。南海（現福岡ソフトバンク）ホークスへテスト生で入団。3年目に本塁打王。65年、戦後初の三冠王（史上2人目）など、MVP5度、首位打者1度、本塁打王9度、打点王7度。ベストナイン19回、ゴールデングラブ賞1回。70年、監督（捕手兼任）に就任。73年パ・リーグ優勝。のちにロッテ・オリオンズ、西武ライオンズでプレー。80年に45歳で現役引退。通算成績2901安打、657本塁打、1988打点、打率.277。90年、ヤクルトスワローズ監督に就任、4度優勝（日本一3度）。99年から3年間、阪神タイガース監督。2002年から社会人野球・シダックスのゼネラル・マネジャー兼監督。03年都市対抗野球大会で準優勝。89年、野球殿堂入り。06年度、東北楽天ゴールデンイーグルス監督就任。「生涯一捕手」が座右の銘。

野村《のむら》再生《さいせい》工場《こうじょう》
——叱《しか》り方《かた》、褒《ほ》め方《かた》、教《おし》え方《かた》

野村克也《のむらかつや》

二〇〇八年八月十日　初版発行
二〇〇九年十月三十日　十一版発行

発行者　井上伸一郎
発行所　株式会社角川書店
東京都千代田区富士見二―十三―三
〒一〇二―八〇七八
電話／編集　〇三―三二三八―八五五五

発売元　株式会社角川グループパブリッシング
東京都千代田区富士見二―十三―三
〒一〇二―八一七七
電話／営業　〇三―三二三八―八五二一
http://www.kadokawa.co.jp/

装丁者　緒方修一（ラーフイン・ワークショップ）
企画協力　メディアプレス、藤田健児
印刷所　暁印刷
製本所　BBC

角川oneテーマ21　A-86

ISBN978-4-04-710151-7 C0295